1798年
結婚

ベルナドット
(1763-1844)

オスカーI世
(1799-1859)★ 下の★へつづく

1810年
結婚

マリー・ルイーズ・
ドートリッシュ
(1791-1847)

ナポレオンII世,
ローマ王
のちの
ライヒシュタット公
(1811-1832)

マリー・ヴァレフスカ
(1786-1817)
*ナポレオンの子
アレクサンドル(1810-1868)を
もうける

ボナパルト家

シャルル・ブオナパルテ:父(1746-1785)コルシカの貴族
レティツィア・ブオナパルテ:母(1750-1836)
第3子:ジョゼフ(1768-1844)ナポリ王(1806-1808),スペイン王(1808-1813)
第4子:ナポレオン(1769年8月15日生まれ,1821年5月5日死亡)
第7子:ルシアン(1775-1840)
第8子:マリア・アンナ,通称エリザ(1777-1820)トスカーナ大公妃(1809),1814年以後はコンピニャーノ伯爵夫人
第9子:ルイ(1778-1846)オランダ王(1806-1810),1814年以後,サン・ロー伯爵と称する。1802年,ジョゼフィーヌの娘オルタンスと結婚,3男ルイ=ナポレオンはのちのナポレオンIII世
第10子:マリア・パオレッタ,通称ポーリーヌ(1780-1825)グアスタッラ公妃(1806)1797年,ルクレルク将軍と結婚。1802年将軍死亡後,1803年ボルゲーゼ公と再婚
第11子:マリア・ヌンツィアータ,通称カロリーヌ(1782-1839)ナポリ王妃。1814年以後はリポーナ伯爵夫人。1800年ミュラ将軍と結婚
第12子:ジェローム(1784-1860)ウェストファリア王(1807-1813)
*第1子,第2子,第5子,第6子の4人は早逝

グスタフV世アドルフ(1858-1900)
1907 スウェーデン王

オスカー(1861-1951)
ヴァストルジュバンド公爵

グスタフVI世アドルフ(1882-1973)
1950 スウェーデン王

アストリッド・ド・スウェード(1905-1935)
1926 ベルギー王レオポルドIII世
(1901-1981)と結婚

グスタフ・アドルフ(1906-1947)

ジョゼフィーヌ・シャルロット(1927-)
ルクセンブルク公ジャンと結婚

ボードゥアンI世
(1930-1993)
1951 ベルギー王

アルベールII世
(1934-)
1993 ベルギー王

カールXVI世グスタフ(1946-)
1973 スウェーデン王

アンリ(1955-)
2001 ルクセンブルク大公

ナポレオン相関図

デジレ・クラリー
(1774-1860)

アレクサンドル・ド・ボーアルネ
(1760-1794)

1779年結婚

マリー・ジョゼフ・ローズ・ド・ボーアルネ
(タシェ・ド・ラ・パジュリー)
皇后ジョゼフィーヌ(1763-1814)

1796年結婚

ナポレオン・ボナパル
(1769-1821)

ウージェーヌ(1781-1824)
イタリア副王次いで
ローシュテンベルグ公爵
*オーギュスト・ド・バヴィエール
(1788-1851)と1806年結婚
(2男4女をなし,
長女ジョゼフィーヌは
デジレの息子
オスカーⅠ世と結婚,
北欧三国王室の祖となる)

オルタンス(1783-1837)
*ルイ・ボナパルト(1778-1846)と
1802年に結婚
長男 ナポレオン=シャルル
(1802-1807)
次男 ナポレオン=ルイ
(1804-1831)
三男 ルイ=ナポレオン
(1808-1873, 俗称プリンス・ルイ,
のちのフランス人民皇帝
ナポレオンⅢ世)

エレオノール・ドニュエル・
ラ・プレーニュ
(1787-1868)
*ナポレオンの子
レオン(1806-1881)をもうけ

◆ジョゼフィーヌ, デジレ・クラリーから続く現在のヨーロッパ王室系図

ジョゼフィーヌ
|
ウージェーヌ・ド・ボーアルネ (1781-1824) —1806年結婚— オーギュスト=アメリー・ド・バヴィエール (1788-1851)

デジレ・クラリー — ベルナドット

長女ジョゼフィーヌ(1807-1876) — オスカーⅠ世(1799-1859) ★からつづ

カールXV世(1826-1872)
スウェーデン王・ノルウェー王(1859-1872)

オスカーⅡ世(1829-1907)
スウェーデン王・ノルウェー王(1872-)
ノルウェー王(1905-)

スウェーデン王女ルイーズ(1851-1926)
1869 フレデリックⅧ世(1843-1912)と結婚
1906 デンマーク王

クリスチャンX世(1870-1937)
1912 デンマーク王

ハートンⅦ世(1872-1957)
1905 ノルウェー王

オラフV世
(1903-1991)
1957 ノルウェー王

ハロルドV世
(1937-)
1991 ノルウェー王

フレデリックⅨ世(1899-1972)
1947 デンマーク王

マルガレットⅡ世(1940-)
1972 デンマーク女王

ベネディクト(1944-)
デンマーク王女
1968 ザイン・ヴィットゲンシュタイン・
ベルルブルグ王子リシャールと結婚

アンヌ・マリー・ド・デンマーク(1946-)
1964 ギリシャ王
コンスタンティンⅡ世と結婚
(ギリシャは1974年王制廃止, 国王夫妻は国外へ

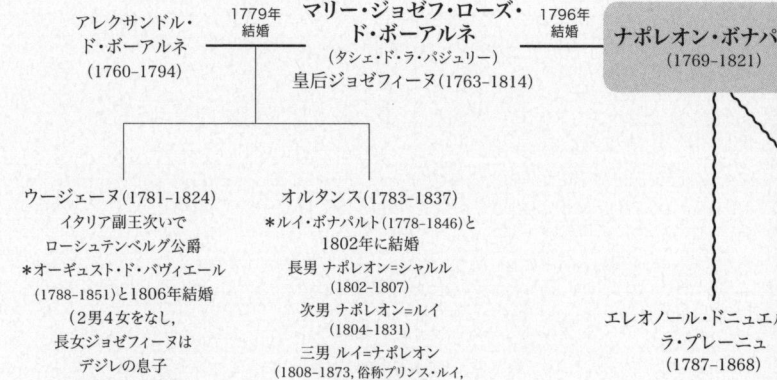

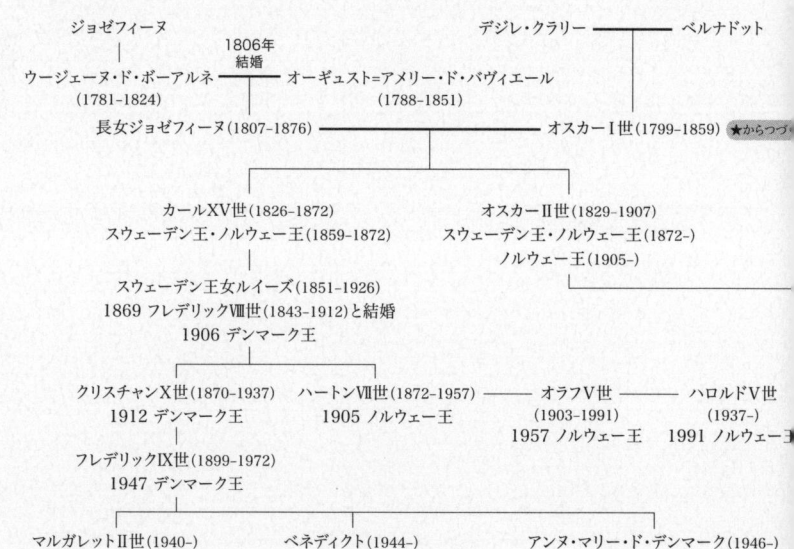

ナポレオン愛の書簡集

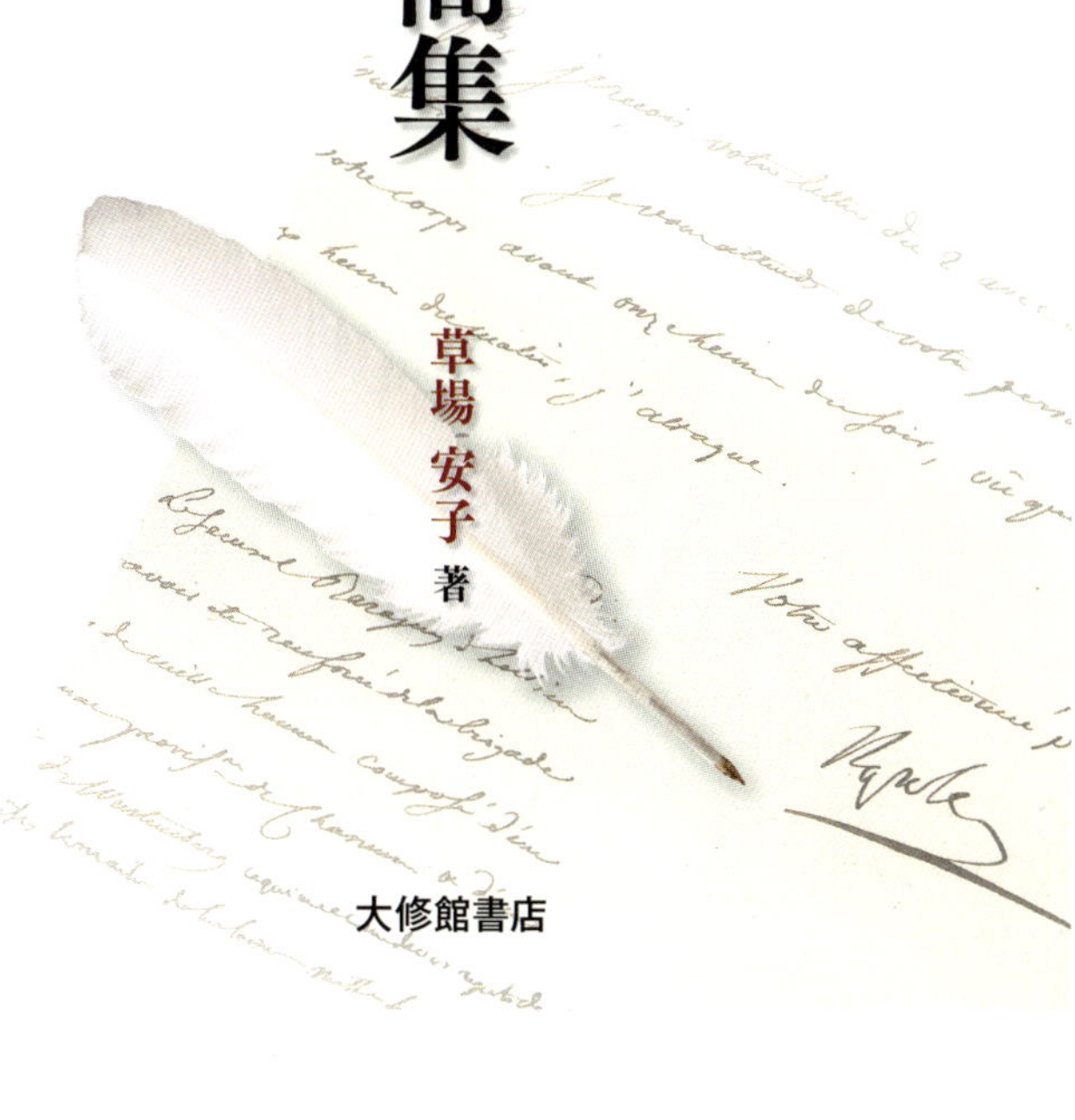

草場安子 著

大修館書店

第1章
婚約者デジレ・クラリー

デジレ・クラリー(1774–1860)

「運命が我々に背を向けようとも、私は君のこと、君の幸せのみを考えている。自分のことより大切なのだ。敢然と立ち向かい、幸福や人生を軽蔑しうる、仕事と同様気力を失うもの、たとえば君を失うこと、を考え得るような状況にあって、怖気づきもせず、君はナイーヴで若々しく、躍動する感情や想像の世界を持っている。希望の喜びや陶酔の時は君を去ることはない。」

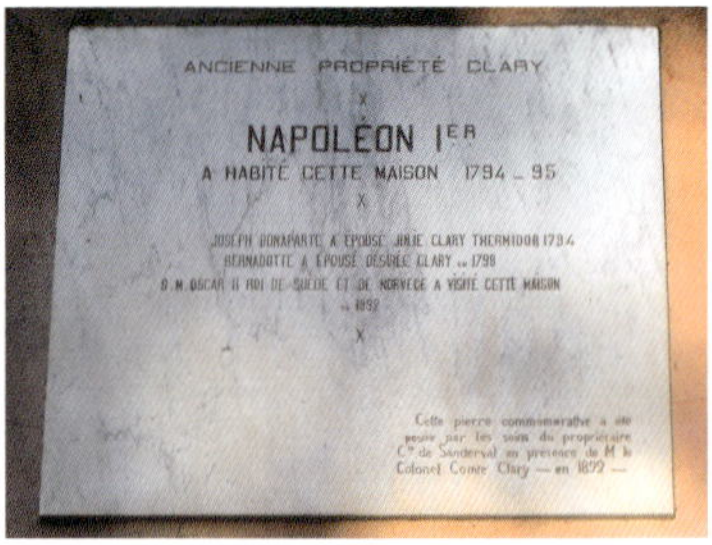

壁に次のように書かれた記念碑がある。

「クラリー家旧宅: ナポレオンⅠ世1794-95年, この家に住む。ジョゼフ・ボナパルトはジュリー・クラリーと1794年熱月に結婚。ベルナドットはデジレ・クラリーと1798年に結婚。

1892年, スウェーデンとノルウェー両国の国王であるオスカーⅡ世, この家を訪問」

クラリー家旧宅（マルセイユ）

皇后ジョゼフィーヌ（1763–1814）

第2章
最初の妻ジョゼフィーヌ

「私は一日たりと、君を愛さないですごしたことはない。私は一夜たりと、きみをわが腕に抱き締めないですごしたことはない。私は一杯のお茶ですら、私の愛しい人から私を遠ざけている栄光や野心をのろわずして飲んだことはない。」

ジョゼフィーヌの居城　マルメゾン（パリ郊外）

城内のジョゼフィーヌ像

マリー・ヴァレフスカ（1786–1817）

第3章
恋人マリー・ヴァレフスカ

「私の第一の想いは君のこと、私の何よりの願いは君に再び会うことです。君はまた来てくれるだろう？　そうだろう？　そう君は私に約束した。来ないなら、鷹が君の方に飛んでいくだろう。（中略）この花束を受けてください。この花束は、われわれを囲む人々の中にあって、われわれの秘密の関係を確立する不思議な糸ともなるものです。

（中略）私がわが胸を押さえたら、君は花束に触れて下さい。やさしいマリー、私を愛して下さい、そして君の手が花束から決して離れませんように。」

ローマ王を抱くマリー・ルイーズ・ドートリッシュ(1791-1847)

第4章
二番目の妻マリー・ルイーズ

「あなたが私をどうすれば幸せにできるか、とても知りたがっていらっしゃると知らせてまいりました。その秘密を私自身で明かしましょう。マダム、あなたには簡単にみえるでしょうが、これこそ真実なのです。私たちの結婚で真実幸せであって下さい。苦痛に負けそうな時、また悲しいことがある時には、ご自身でこうおっしゃって下さい。皇帝はさぞお悲しみになられるだろう、皇帝のご満足とお幸せはルイーズの幸福にのみかかっているのだからと。」

『ジョゼフィーヌの戴冠（部分）』ダヴィッド画

アンヴァリッドにあるナポレオン廟

アンヴァリッド（パリ）

はじめに

　ここに一人の男がいる。名はナポレオン・ボナパルト。人は彼を英雄という。一介の陸軍少尉からスタートし、フランス皇帝の座にまで上り詰めた。最後は大西洋の孤島、セント・ヘレナで寂しい死を迎えた。栄枯盛衰を一代で経験した。彼はその五十一年の生涯の間に、フランス国民はもちろんのこと、ヨーロッパ、ロシア、エジプトなど、広大な地域とそこに住む人々の人生に影響を及ぼした。その一人ひとりのことはわからないが、ここに彼に影響を受けた四人の女性がいる。これらの女性とナポレオンのかかわりを見ていこう。

　英雄は色を好む、ともいわれるが、ナポレオンは女好きだったのか。ジョゼフィーヌとマリー・ルイーズ、二人の皇后がいたことは知られているが、ほかに女性関係は？　という疑問を持っていた。そこに『四人の女性に宛てたラヴレター』という本を見つけ、ナポレオンの愛した女性、ラヴレターを読むことにより、それらの女性とナポレオンの関係を描き出したいと思った。初恋の女性デジレ、運命の女性ジョゼフィーヌ、皇女マリー・ルイーズ、そしてポーランド貴族の夫人マリー、四人四様の愛があった。

　ナポレオンは四人の女性のうち、誰を一番愛したのだろうか。ジョゼフィーヌであることは間違いない。しかし四人四様の愛情があったことも確かだ。彼の年齢、地位が進むに従って、愛の形も変わっていったのだろう。少し、自己本位の愛情であったように思える。そのせいだろうか、彼の栄枯盛衰の中で、枯衰の彼を待ち続けた女性は一人もいなかった。そして、彼が愛するジョゼフィーヌを離婚してまで欲した正嫡の男児からの子孫を持ち続けることはできなかった。傍系のナポレオンⅢ世においても同様である。現在、ナポレオン公を称するのは末弟ジェロームの子孫である。

王朝を創設することはできても、それを継続させることは難しい。ナポレオンは一代で終わった。しかし、同じく、選ばれてスウェーデン国王となったベルナドットの場合は異なる。彼もデジレ妃との間に息子一人オスカーが生まれただけである。しかし、このオスカーは無事に成長し、ローシュテンベルグ大公の娘ジョゼフィーヌと結婚する。このジョゼフィーヌの父ローシュテンベルグ大公とはウージェーヌ・ド・・ボーアルネのことである。このカップルからシャルルXV世とオスカーⅡ世の二人の王子が誕生。シャルルXV世には女児ルイーズが生まれ、デンマーク王室と婚姻する。スウェーデンとノルウェーの王位は一時弟オスカーⅡ世に移るが、ノルウェーの王座はルイーズの次男が継いでいる。オスカーⅡ世の長男の血統がスウェーデン王室を継続している。オスカーⅡ世の次男からベルギー王室への婚姻関係がうまれ、その血統はルクセンブルク大公にもつながっている。

長き伝統を誇ったオーストリアのハプスブルグ家は第一次大戦後消滅、ロシアのツァーも革命で滅亡した。フランスからの移民が国王となった北欧の三か国は現在にいたるまで二〇〇年王国を継続している。自らの正嫡男子にフランス大帝国を継承させることを夢見ていたナポレオンだが、ヨーロッパにある王室のほとんどが、ジョゼフィーヌとデジレの血を引いている事実をどう思うだろうか（見返し系図参照）。

この本を上梓するについては、いくつかの偶然が重なった。デジレ・クラリーの生誕地マルセイユに三年間住んでいたことや、旧クラリー邸のあるモントルドンに、親しい友人フランチェスキ夫妻が住んでおり、私の好奇心を満たすため、旧邸探訪に協力してくれたこと、またメール万能の現代にあって、書簡文の持つ魅力について意見を一にした大修館書店編集部の小林奈苗さんに、ナポレオンの恋文があまた存在し、本にまとめられていることを紹介したことも、上梓にいたる端緒であった。

そして本書刊行にいたるまでのご尽力に深く感謝する。そのことば通り、手と紙による手紙（書簡）は、文章のみならず筆勢やサインの形態一つにも、書き手の置かれている立場や心情を写し出す。印刷された本からはそこまで汲み取ることはできないが、手紙に隠された感情や裏に秘められた事情など、できるだけあぶり出してみた。各女性の述懐は、想像の結果の創作である。

パリはもちろんのこと、南仏、コルシカを始めとするフランス全土、ロシア、エジプトと、ナポレオンの足跡はいたるところにある。マルメゾンは私にとって、フランスに行く度に訪れる巡礼地ともなっている。足跡の地をたどりながら、果たされなかった彼の野望の結末に思いを寄せる。肉声を聴くことはできないが、この書簡文を中心とした分析で、等身大のナポレオンを見つけていただければ幸いである。

参考文献にも記したが、幾多の先顕の著書・訳書を時に引用する形で文中で使用することもあった。マルセイユ観光局のイザベル・デュラン氏、マルメゾン観光局アニエス・レガ氏には貴重な情報を提供していただいた。他にも多くの方々のご助言やご協力をいただいたが書き尽くすことができない。ただただ、ナポレオンの関係するすべての人に感謝するものである。

二〇一二年二月　　草場　安子

目次

コラム

図版提供　髙野保夫／ユニフォトプレス

ナポレオン　愛の書簡集

第1章　婚約者デジレ・クラリー

——マルセイユ娘が王妃に、
そして現在のヨーロッパ諸王室の祖に

デジレ・クラリーは一七七七年一一月八日、南仏の港町マルセイユに生まれた。父フランソワ・クラリーはマルセイユの絹織物卸業者で、指折りの富豪であった。父は前妻に四人、デジレの母ローズとの間に二男四女がおり、デジレは末娘である。すぐ上の姉ジュリーは、ナポレオンの兄ジョゼフと結婚し、デジレはナポレオンと婚約した。デジレの正式な名前は、ベルナディーン=ユージェニー=デジレといい、一般にデジレと呼ばれていたが、ナポレオンは二番目のユージェニーを使っていた。

若いカップルの誕生

プロヴァンス特有の野生の松が茂る庭園の一角を散歩する若いカップルがいる。男性は凛々しい軍服姿、女性は涼しげな夏のドレス姿である。

「そんなに早くお歩きになると、私はついていけませんわ。」

「それは失礼しました、マドモワゼル・クラリー。この丘の上まで登れば、カシの断崖が見えるでしょうか。」

「今日のお天気でしたら、きっと見えましてよ、ブオナパルテ（ボナパルト）将軍。カシの断崖の向こう側は将軍が奪取されたトゥーロンの港ですわね。」

「将軍はやめてください。私たちは今日から親戚になるのですよ。兄のジョゼフがあなたのお姉さまのジュリーと婚約した日ですからね。」

「でも、あなたはお偉い将軍でいらっしゃいますもの。」

「ナポレオンで十分です。」

「それじゃ、私のこともマドモワゼル・クラリーではなく、デジレと呼んでいただきたいわ。」

「デジレ、望まれし者、いい名前ですね。でもお許しいただければ、私はあなたのことをユージェニーと呼びたい。」

「おかしい方、でもユージェニーも私の名前ですもの。そうなさりたいのならどうぞ。」

まだ少し遠慮がちながら、若い二人は互いに好意を抱き合っていることを隠さない。令嬢の額に光る汗は、青年士官にとってはダイヤモンドの輝きだ。白い石灰岩の丘陵を登る時、握り合った手に感情がこもっていく。

二人の出会いのいきさつ

こんな光景が展開したのだろうか。二人が知り合ういきさつは、一七九三年九月、デジレの母違いの兄、エチエンヌが王党派とみなされ、革命裁判所に出頭を命じられる。それをナポレオンの兄ジョゼフが助けたことで、ジョゼフがクラリー家に出入りすることになったことに始まる。翌一七九四年一月には、デジレの父フランソワが死亡する。クラリー家は、未亡人と未の娘二人となり、青年ジョゼフの出入りは歓迎された。一七九三年一二月、ナポレオンはトゥーロン砦のイギリス軍を追い払うことに成功し、二四歳で地中海防衛の司令官に任ぜられた。兄ジョゼフと共にクラリー家に出入りし、そこでデジレと姉ジュリーを知ることになる。

ナポレオンの兄ジョゼフとデジレの姉ジュリーの結婚

二人の適齢期の女性を観察して、ナポレオンは兄ジョゼフに次のように言っている。

「一家の中で、夫婦のどちらかが相手に譲ると平和におさまる。ジョゼフ兄さんは優柔不断なところがある。デジレもそうだ。僕やジュリーは自己主張が激しい。だから兄さんはジュリーと結婚する方がいいと思うよ。」(『ナポレオン事典』)

この頃から弟のナポレオンに逆らえなかったジョゼフは、クラリー家の未婚の娘二人のうち、二三歳の姉ジュリーの方にプロポーズしたのである。ジョゼフは二六歳であった。ボナパルト家、クラリー家両家共にもろ手をあげて賛成の縁組であった。なぜなら、両家の利害が合致したからである。

クラリー家はマルセイユ有数の絹織物卸売商で、資産家でもあった。片や当時のボナパルト家は、父シャルルは一七八五年に亡くなり、母レティツィアは子どもたちと共に独立運動で騒乱のおきた故郷コルシカを逃れ、マルセイユに移り住んでいた。次男ナポレオンはトゥーロンの戦闘で功績をあげ、二四歳にして将軍位に昇進した。ジョゼフは弟の引きで、海軍主計官職についていたが、六人の弟妹たちはまだ小さかった。ボナパルト家に欠けるもの、それはお金であった。ナポレオンの俸給はあるが、弟妹たちが成長する過程で、お金がかかる。またナポレオン、ジョゼフが出世するにもお金は必要である。つまり、ボナパルト家はジュリーの持参金でうるおい、クラリー家は革命後の新興勢力とのつながりをつけることができた。ジュリーは一五万リーヴル(リーヴルは革命前のお金の単位)を持参金としてジョゼフにもたらした。ジョゼフとジュリーの結婚式は一七九四年八月一日、マルセイユ近郊の小さな村であげられた。

ボナパルト家にとっては願ってもない縁談ではあるが、ジュリーの容貌に難点があった。あまり健康でもなく、背は低く、決して美しいとはいえない女性だったようだ。しかし性格はとてもよく、ジョゼフの母レティツィアのお気に入りであった。コルシカ出身のボナパルト一家にとって、プロヴァンスのクラリー家は、肌の合うところがあったのではないだろうか。

妹のデジレの容姿はどうだったのだろう。ナポレオンはその自伝的小説「クリッソンとユージェニー」の中で、ユージェニーをこう記している。「ユージェニーは涼やかな目をした中背の一六歳の乙女であった。醜くもないが、美しいともいえない、しかし善意や優しさに満ち溢れていた。」（デジレの肖像画を見ると、明眸皓歯で、小さな巻き毛がおとなしい印象を与えている）

ナポレオンとデジレの婚約は、ジョゼフとジュリーの結婚の翌年、一七九五年四月二一日に整った。ナポレオン二五歳、デジレ一八歳であった。

（注・コルシカ出身のボナパルト家は、本来、イタリア語に近いド・ブオナパルテ家と呼ぶべきであるが、本土に渡りフランス風にボナパルトと変えている。それがいつから誰の意志で変えられたのか確定できない。デジレ宛の手紙にサインは無く、パリ転勤先を著したものはまだブオナパルテを用いている。本書では、混乱を避けるため、最初から姓はボナパルトとした。ナポレオンは当初ナポレオーネであったが、手紙のサインが姓から名前に変わるのは皇帝即位後であるため、ナポレオンに変えたのがいつかははっきりしない。したがって、名前も最初からナポレオンを用いている。）

ナポレオンとデジレの純愛

若いフィアンセたちの愛はどのようなものだっただろう。デジレはひたむきにナポレオンを慕った。しかし、ナポレオンはまるで保護者のように、デジレに対し、ピアノを学べ、歌を習え、と指図をしている。

「あなたは家にいて音楽を楽しめます。ピアノを買って、よい先生におつきなさい。音楽は愛の魂であり、人生の喜びであり、苦痛を和らげたり、清純さを保たせたりするものです。あなたの声にはもっと磨きがかかり、新しい才能は友人たちを喜ばせることでしょう」

とある(一七九四年九月一〇日付手紙)。

おそらくはトゥーロンから出したものと思われるが、一七九五年二月四日付の手紙では、婚約前なのに、妹エリザに託した手紙の中で読むべき本のリストを送っている(「あなたにお渡しするのを忘れていた本のリストを同封します。(中略)あなたが読むのにもっとも役に立ち、気に入ると思う本です。(中略)あなたの理性は読書によって豊かに培われるでしょう」)。また声楽の勉強をすすめ、発声練習の方法を詳しく指示している。

「(前略)明日、音楽のための覚書を書きます。これで上達がスピードアップすることでしょう。パリで発行されているチェンバロの雑誌を予約するつもりです。一〇日ごとに新しいアリアの載った音楽ノートを受け取ることになるでしょう。あなたの音楽の先生は、私がそうあってほしいと思うほどにいい先生でしょうか。きっとあなたはドレミファソで歌う練習を始めていることでしょう。

トゥーロン、一七九五年二月一二日

あなたは音階を何の音からでも歌うことを習慣づけて下さい。これは練習が必要だし、発声を聞いたり、コントロールする習慣が必要です。たとえば、まず現在我々が使っている音階のドレミファソラシドで歌います。次に、レから始め、レミファソラシドと歌えば、あとどうなるかわかりますか？　レをうまく発声しても、ドと同じに捉えてしまいます。つまり発声は半音しかおかない代わりにレからミまでの音程の幅をおきます。ミからファは、ここも全音をおきます。これはレ、ミに等しいです。こうして音楽はレ、更にはミ、つまり全音の違いを歌います。次にファは半音、ラは全音です。そののち、ミ、ファ、ソ、ラ、シ、ド、レ、ミとなるのですが、最初の音から二番目の音は半音のインターヴァルで歌わなければなりません。最後に以前の音階であるシ、ド、レ、ミ、ファ、ソ、ラ、シ、と歌うことで終了するのです。先生にここで私が述べたことを相談してみてください。

そのほか、あなたがフォルテピアノのレッスンを受ければ、それで充分です。」

（注・『ナポレオンの恋文』にあるデジレ宛ての最初のもの。ジョゼフとジュリーの結婚後）

ナポレオンが文学に造詣が深いのは、その文章力をみてもわかるが、音楽にもそんなに精通していたのだろうか。音楽の素養を身につけるのは、当時の花嫁修業の一つだったようだ。

手紙にみる愛の深まり

婚約前からナポレオンの身辺はあわただしかった。トゥーロン、マルセイユ、アヴィニョンと動きまわる日々が続く。近くにいるのになかなか会えないでいる。手紙は二人にとって欠かせない愛の交換手段である。

一七九五年四月二一日が婚約の日である（『ナポレオンの恋文』のデジレについての説明にある）とすれば、その前後で興味深い事実がある。

ナポレオンがデジレに宛てた四月一一日付アヴィニョンからの手紙では、それ以前のものが呼びかけを貴方（vous）として丁寧なのに、親しく君（tu）となっている。また五月八日付デジレからナポレオン宛てに書いた、新しい任地へ出発する婚約者を見送る悲しさ、寂しさに満ちた手紙もtuを使っている。これは婚約後のことであるからと考えることもできるが、ナポレオンの書中の変化は、婚約前のことでもあり、いささかの勘ぐりもしたくなる。つまり、四月一一日前にナポレオンとデジレは実質的に結ばれたと思えないだろうか？　手紙における相手への呼びかけをvousからtuに変えることは、ジョゼフィーヌやマリー・ヴァレフスカへの手紙でも、同様の経緯をたどっている。

恋文が伝える想い

デジレからナポレオンへの手紙（一七九五年五月八日）

「一瞬一瞬が私の心を突き刺し、友人の中でも最も大切な人から私を遠ざけます。だけどあなたは常に私の心の中にいます。私の想像力は、私が通るすべての道であなたと会えると信じています。あなたの想いはどこまでも私を追ってくるし、お墓に入るまでついてくるでしょう。

ああ、私の恋人よ、あなたの想いが私の想いと同じく誠実でありますように。そして私があなたを愛するように、あなたも私を愛してくれますように。あなたが出発して半時間がたちました。散歩の時間になろうとしているのに、わが恋人は私を探しにきません。ああ、どうしてあなたを発たせたのか後悔しています。だけど彼は出発すべきだったし、私がどんなに（愛しているか）言えないまま、このよき人と別れるのは仕方なかったのです。

あなたに常に忠実であることを知っていただきたいのです。

あなたが出発して一時間しか経っていないのに、数世紀たったみたいに思えます。

あなたのニュースやあなたから愛されているという保証を受け取ることが、この長い、つらい不在を耐えさせてくれるのです。

昨夜一緒にすごした木立のところに、今日もご一緒に同じ時間にいましたね。昨夜のことを私はどう考えればいいのやら…。

もう馬車はみえません。一瞬一瞬、あなたが遠ざかっていくから、私の心はずたずたです。時はもっとも大切な人から遠ざけるのです。この友から…。（後略）」

婚約したばかりの愛する人が任地へ出発する。仕方のないことだけれど、次はいつ会えるのやら…もう胸は破れそうだ。戻ってきて！　と叫んでも、愛する人の乗った馬車は遠ざかっていく。

デジレのいるマルセイユ郊外のモントルドンからアヴィニョンへはどう行くのだろうか。まずはマルセイユの市街地を通るのだろう。いずれにせよ、モントルドンからの海岸線は入り組んでおり、海からすぐに丘陵になっているので、ほどなく馬車はみえなくなってしまう。デジレにとって、これからは二人ですごした時間を回想することで、ナポレオンへの想いを募らせていくことになる。

ナポレオンもアヴィニョンに着いてすぐに手紙を認めている。一七九五年五月九日付の手紙だ。

「君からこんなに長い間離れていなければならないという考えに、やりきれなさを覚えつつ、アヴィニョンに到着しました。道程は不愉快なものでした。いとしいユージェニーが、その愛する人のことをしょっちゅう思っており、彼に約束した愛情を持ち続けてくれているだろうという希望だけが、苦労を軽くし、立場を耐えさせてくれます。(後略)」

十分に愛情深いものではあるが、二人ですごした濃密な時間への生々しい表現はなく、やや美文的すぎるともいえる。パリへ戻っての手紙の宛先(ブオナパルテ将軍(原文まま)、司令官、西部軍砲兵大隊、在パリ、局留)を付け加えているが、西部軍砲兵大隊長という地位を記している。

ナポレオンの裏切り

パリにもどったナポレオンは不安定な立場にある。六月には西部軍歩兵旅団長に任命されるが、体調不良を理由に赴任を拒否した。真の理由は、王党派に支援された穏健派と国民公会の対立が激化するなど、政治の動向が流動的な首都を離れたくないためだった。情勢に気を配りながら、裏の政界ともいわれるいくつかのサロンに顔をだしている。デジレの手紙にもマダムTという表現が出てくるが、これは革命のキーパーソンの一人、ジャン＝ランベール・タリアンの夫人テレサのことで、そのサロンは有力な政治家が出席することで評判だった。遠いマルセイユにいるデジレは心配でならない。

日付は無いが五月内に書いたと思われる手紙の中で、デジレはその不安な気持ちを切々と訴えている。

「ジョゼフの代理人が到着しました。彼は私たちに、あなたがパリでとても楽しんでいると話しました。都での賑やかな楽しみが、マルセイユの平和な田園の楽しみを忘れさせないこと、そしてブーローニュの森でのマダムTとの散歩が、あなたの可愛いユージェニーとの川べりの散歩の記憶を消してしまわないよう、願っています。」

なんといじらしい。手紙の最後には、「恋をしているとき、その恋人と離れていなければならない苦しみは耐えがたく、会いたいという願いは大きいのです」と終えている。

毎日手紙を交わすという約束が守られないのか、それともクーリエ（配達吏）が順調に運行しなかったのか、それぞれに相手を責め合うこともある。待ちに待った手紙到着の喜びは次のように表現されている。

「ユージェニーへ、

パリ、草月一四日（一七九五年六月二日）

君の魅力あふれる手紙を二通受け取りました。それらは私の心をよみがえらせ、幸せな一時を味わわせてくれました。君が離れてしまったという悲しい幻想や将来への不安感は消え去りました。わが恋人の愛があれば不幸にはなりえません。
シャティヨンのマルモン宅で、とても素敵な女性たちに会いました。しかし誰一人として我がいとしい、愛するユージェニーと分かち合う我が心をとらえたものはいませんでした。決議が相次いで出され、私の赴任先は変更されそうです。私はまだ数十日、パリにいます。一日たりとも、私に手紙を書かないですごすことのないように、常に君が私のことを愛していると信じていられるようにしてください。そのことは私の決心に影響を及ぼすことでしょう。さようなら、私の素敵な友よ、今晩また書きます。君の恋人」

手紙がこないことを責める手紙は、少し他人行儀に vous を使って呼びかけている。

草月一八日（一七九五年六月六日）

「私はいろいろなところから、世界中から手紙を受け取りましたが、お嬢さん、あなたからのはありませんよ。あなたは私にもう書く気がなくなり、私の消息にも関心をなくしているのではないですか？　私はこの命をおびやかし、冷水を浴びせられるような考えを遠ざけようとしています。あなたの沈黙が私にもたらす苦痛を感じないとすれば、あなたはそんな痛みを抱いていないということです。私たちを結びつけた愛、希望に酔いしれた魅惑的な宵や、幾度もした散歩といった、常に偲んでいる思い出を台無しにするこんな考えを打ち消すことができません。パリもユージェニーがいたら楽しいことでしょうが、彼女なしでは寂しいです。
あなたに送ったサッフォーの詩曲の演奏を聞いてきたところです。愛する人よ、きっとこれらの曲はあなたの気に入るでしょう。愛はサッフォーを不幸にしました。彼女は自分を犠牲にして生き、愛のために死にました。いつ私たちは彼女に同情しなくてすむようになるのでしょうか？　さようなら、美しい愛しい人」
マルセイユのデジレは、クラリー家の事情で、イタリアのジェノバへと赴く。そこには姉ジュリーが夫のジョゼフと共にいた。このジェノバ行きは、ナポレオンに予告されていなかったのか、ナポレオンはデジレの行動を非難する。そこには、ジェノバでデジレに新しい出会いがありはしないか、邪推と嫉妬があるようだ。

「ナポレオンからデジレへ、　　　　　パリ、草月二六日（一七九五年六月一三日）
わが尊敬する友よ、君はもうフランスにいない。ということはこれまであまり離れていなかったということだろうか？　君は私たちの間を海で隔てると決めたのか。私はそれを咎めはしない。私は君の立場が極めてデリケートなことを知っているし、君の最近の手紙で、君の苦痛を表した肖像画をみてとてもショックを受けた。優しいユージェニー、君は若い。君の私への愛情は、まず弱まり、ずれていくでしょう、そしてしばらくして自分が変わったことに気づくでしょう。去る者日々に疎し。これが不在のもたらす致命的で、必ず起きる結果なのです。君が友（ナポレオンのこと）への関心を持ち続けることはわかっていています、が、（以前と同じ）関心、敬意とは違います。不当な行為だと君を非難するつもりはありません。幸せに、君のよき友は君を正当に評価しています。
大人の熱情の嵐によってもみくちゃにされた心は君にふさわしくない。尊敬できない、徳性に問題のある人間を知りすぎた時、もう戻れない人生の一時で、青春時代であれ、魂は焼けただれ、汚されてしまうのだ。たとえば君が二度目に恋をするとき、君が「ジュ・テーム、愛しているわ」と言う最初の男は、その男にふさわしい完璧かつ絶対的な陶酔を熱意に加えることだろう。君への想いを計算するような男、無限の想いとか、永遠の幸せを信じないような男は遠ざけなさい。単に愛するという魅惑的な感情の渦に身を任せているにすぎないような男も、君の恋人になりえない。火のような想い、冷静な頭脳、不可解な恋愛感情、メランコリックな性向などをもっていれば、男たちの中で流星のように輝くこともできるし、消え去ることもできる。人生を軽蔑するなら、勇敢であるという徳はいらない。残忍さと反道徳性がはびこる環境にあって、人はたいした才能なしでもいくらか成功するものです。従って人が評価するいくつかの大切なもののなかで、私にとって価値があるのは君の愛情です。私は時を逆行させずに見るつもりだし、君の将来の幸福を保証すべく、より似通った、より清らかな感情を表現するだろう。ただ一人の友よ、だから私は君の最近の手紙の中で、永遠の愛を繰り返している誓いを受け入れることはできない。しかし、私はその誓いを、不可侵の誠実さの誓いと置き換える。君がもう私を愛さなくなる日、そのことを告げると誓ってほしい。私も同じ誓いをしよう。そう、君を幸せにする恋人ができたら、顔色を変えることなく言えることだが、私の弟とみなすことにしよう。もし状況が我々の運命や感情に関係するなら、君は恋人の奇行にも慣れなければならないだろう。彼はほかの男たちの裏返しだ。彼は大多数が終わるところから始め、他の人たちが始めるところで終わってしまう。彼はだいたい二六歳くらいで、軍隊でいくらか成功をおさめており、今は人生の幸福となる愛に全力を傾けている。我々の間に意見の対立はあるけれど、元気を出しなさい。もう一度、一緒になれる方法があれば、私に教えてください。私の可愛いユージェニーにもくろむことなど、何もないですよ。しかし運命が我々に背を向けようとも、私は君のこと、君の幸せのみを考えている。自分のことより大切なのだ。敢然と立ち向かい、幸福や人生を軽蔑しうる、仕事と同様気力を失うもの、たとえば君を失うこと、を考え得るような状況にあって、怖気づきもせず、君はナイーヴで若々しく、躍動する感情や想像の世界を持っている。希望の喜びや陶酔の時は、君を去ることはない。私はまだしばらくパリにいる。私の健康状態はとてもよい。みな平穏にしているし、パンの価格は非常に高く、アッシニア紙幣は低落している。しかしながら、みんなどうにかこうにか暮らしている。さようなら、私のやさしい友よ。君のニュースを知らせて下さい。まだ私を愛していると返事してください。」

「ナポレオンからデジレへ、

パリ、収穫月六日（一七九五年六月二四日）

私の優しい友よ、君のニュースを長く聞いていない。君がイタリアに出発してから、君の運命に関係する人たちのことをもう考えていないようだね。もしそうなら、君は手際よく人生を変えたのだろうね。私は当分の間、ここにいるだろう。私はここで辛抱強く君のニュースを待っている。私はまだ君がジェノバに着いたかどうか知らない。君はきっと船酔いしたことだろう。私は船酔いで君がどんなに苦しんだかよくわかる。私の兄はあなた方が合流することを望んでいると私に書いてきた。あなた方はみな一緒になるでしょう。幸せでいて下さい。そのことは私たちがしたこの春の楽しかった散歩の思い出をたどらせるでしょう。不吉な予感の森のことや、素晴らしい宵をすごした田園のことを君は忘れないだろうし、その思い出は想像でしか再現できず、実際にはもう再現されることはない。

奢侈と歓楽の渦巻くパリに再び戻りましたが、私はあまりそんな生活に浸りたくありません。それを味わうのは、私の愛しいユージェニーとだけなのです。パリは完全に平穏になりました。民衆用のパンはとても少なく、とても高価で、払える人のみに限られています。一リーヴルあたり一六スーもします。だからといって愉快に暮らすことの邪魔はしません。民衆はいつもそうなのです。今、憲法について討論されていますが、良識的原則に則っているようにみえます。憲法はこの確固とした民衆の運命を決めるでしょう。しかし、マルセイユからパリまでの中間に位置する地方において、マルセイユで犯されていた愚行や悪行の名残をほとんどみません。次の機会に君に私の肖像画を送りましょう。君の肖像画は常に携行しています。その肖像画を見ていると、一緒に私たちがすごした幸福な時間を思い出させます。さようなら、私の愛する、愛しい友よ。幸せに。生涯をユージェニーに捧げている者を少し思い出してください。」

デジレは不当な邪推に抗議する（七月六日付の手紙）。

「デジレからナポレオンへ

一七九五年七月六日

大嫌いな国に戻ってきました。おお、愛しい人よ、あなたはきっと私に腹をたてていることでしょう、そして私のことを子ども扱いするのでしょう。でも状況が私にそうさせたのよ。私の愛する人、私が思うのに、それ以外にも運命が私たちの幸せを邪魔しようとしているのよ。私の運命の人、私の恋人、いつも愛しているわ。あなたの愛が私の愛と同等でありまように、いつもあなたの恋人と同じ感情を持っていますように。そうよ、ときどき、私はあなたが私のことをまだ愛しているか心配になることがあるの。だけど、私がイタリアに行っている時、あなたが私に言ったことを考えればね。ああどうしましょう、この幻想は束の間で、それに続く哀惜の思いは長く続くのよ。

だけど、私の最愛の人、私を正当に評価するのなら、ユージェニーに罪はないことがわかるでしょう。彼女はただ不幸せなだけよ。どんなに私が苦しんでいるか、あなたが知っていたら…。私の想いをどこでやめればいいのかわからないでいます。私は不安と希望を併せ持っています。いずれにせよ、全ての愛の苦悩は、私の心の中に集まっています。おお、私の恋人よ、私にまだ愛情を持っていると書くことで、あなただけがこのぞっとする立場から私を救いだせるのよ。だけど、ユージェニーがあなたにとって大切だったのなら、どうして今もそうではないの？　イタリアが私の心を変えることはなかったわ。おお、私の恋人、もし可能なら私はどんなにもあなたを愛するわ。あなただけが私の想いの対象なのです。あなたがいないことを嘆いています。ですから私の心全体で悲しがっているし、一瞬たりとあなたを想わないときはありません。もしあなたが私を、私があなたを愛するように愛してくれるなら、私たちを結びつける最も幸福な行事（結婚）を待ちましょう。おお、私の恋人よ、あなたに手紙を書いていた時、ジョゼフがジュリーと一緒に到着しました。彼らは私に生きる力を再び与えてくれました。あなたからの四通の手紙を渡してくれたのです。どんなにいそいそとそれらを読んだことでしょう。あなたが私を正しく見ていてくれることを知って、私がどんなに喜んだか、おお、私の恋人よ。だけど、疑念、さらに離れていることが、あなたを感じとれなくするの。おお、私の恋人、この疑念が私をどんなに苦しめることでしょう。私は一生、優しさ、愛を持ち続け、ユージェニーがあなたに対し考えられる以上に最も深い愛情を持っていると確信してくれるあなたと会いたい。私が知り得るだろうという人について、あなたが言ったすべての事は無益です。あなたは私があなたしか愛せないことを知っているでしょう。あなただけ、おお、私が一生〝私はあなたが大好きよ〟こう言い続ける最愛の人、あなたは私に同じことを言うのを承知しなかった。最近の手紙の中で私は、あなたしか愛せない、あなただけのもの、と誓ったわ。もし、あなたが同じ誓いを私にしてくれるなら、その誓いは私たちが再会する日に、私たちを生涯にわたって結びつけてくれるでしょう。私の優しい恋人、可能なら、私たちが離ればなれでいることをなぐさめてくれるお手紙を待っています。」

さらに八月三〇日には、

「(前略)私はあなたの収穫月六日(六月二四日)付の手紙を受け取りました。あなたはその中で、私のイタリア行きを知らなかったとおっしゃり、それを私が言い忘れたとしています。あなたはいつあなたの友を正当に扱って下さるのでしょう。あなたへの愛を得心し、私が人生の全てを捧げていることをわかって下さるのでしょうか。私は海をそう恐れていませんが、わがよき友から私を遠ざけるこの戦艦をいまいましく思っています。テミス号に乗艦し、航海に八日を要しました。あなたも同艦にトゥーロンから乗船することになるのでしょう。数日来、私たちはジョゼフとジュリーと共にいます。よき友人たちといるのは本当に大きな喜びです。しかし私が幸せだとは思わないで下さい。あなたから遠く離れて、平気でいられると思いますか？　私たちの楽しかった散歩の思い出は、不吉な予感の森同様、常に私の心にあります。ああ！　こんなに長い間離れればなれになるとは、これはそう定められた運命なのでしょうか。私たちがいつの日か結ばれるように、願っていなければなりません。常に愛し合って、希望を持ち続けましょう。（中略）

あなたはタリアン夫人について話されません。どうか情報を送って下さい。私はあなたの肖像画が届くのを、辛抱強く待っています。肖像画をみることで、あなたから遠く離れている時間を快適に過ごせるものと信じています。（後略）」

これに対し、ナポレオンは皮肉を忍ばせた手紙を書いている。実月一四日（一七九五年八月三一日）付では、

「（前略）もし君が私と一緒に来ていたら、君が考えていたような戦争状態になっていないことがわかるだろう。私は相変わらずパリにいて、公安委員会の軍事部で働いている。この仕事で、午後二時から四時までと、真夜中の一時から二時まで働いている。しかしながら、この仕事に煩わされることもなく、私はこの素晴らしい都市の珍しさと魅力的なパリジェンヌの世界を探求し、わが友にみせてあげるつもりだ。それなのに、彼女はイタリアに行くことを望み、パリよりジェノバを好み、恋人よりお兄さんの方がお好きなようだ。そういう行動は賢明がゆえというのか、理性の証しというのか、そう理性の証しだ。彼女にとって、甘い感情、魂の感動、愛のほとばしりはどうなったのか。いやはや、最悪だ。君は愛情より友情

が大切なのだ。

私は昨夜マダムTのところで夕食をとった。彼女はいつも十分に感じがいいが、どのような運命のめぐりあわせで、彼女の魅力が私の目に映らないのか、不思議なものだ。彼女は少し老けた。彼女が君を知っていれば、きっと君を好きになっているだろう。私はこの晩餐会で二〇名ほどの女性軍団に会ったよ。彼女の家では、私は醜く、年配の女性にしか会わない。

(後略)」

遠距離恋愛は難しい。だんだん二人の気持ちにずれが生じてくる。特にナポレオンは、貧乏将官ながら、頭角を表しつつある人物として、サロンでも注目されてくる。タリアン夫人に魅力を覚えないと書きつつも、また醜い、年配の女性しかいないとしながらも、同年一〇月には、ジョゼフィーヌを知ることになる。

年が改まり、二人の間は劇的に展開する。婚約者から離別を告げる手紙を受け取ったあとらしく、一七九六年一月のデジレの手紙は苦しみと悲しみに満ちている。

「あなたの手紙が私をどんなにひどい状態に陥らせたかをあなたにお知らせするのに、どこから始めたらいいのやら。一体、あなたはどんなつもりなの？　私を苦しめたいの？　ああ、それなら大成功よ。そう、残酷な人、あなたは私を絶望の淵に追いやったのよ。『すべての関係』を断つという言葉は、私を身震いさせました。私はあなたを生涯愛すべき恋人と思っていました。そうじゃなかったのね。私はあなたを愛することを止めるべきなのね。わたしたちの結びつきを取り戻すための手段を見つけられないでいます。親たちに話す決心はとてもつきません。彼らは私がちゃんとした立場にいると思っているし、私がお断りした人を受け入れさせたことで、負担に思わせることもないでしょう。そう、わが友よ、まだこの『友』という名で呼べるのなら、私はとても苦しい夜を過ごしたのよ。でも日中よりはましだったわ。なぜなら、部屋の中で一人きりになって、泣き崩れていたのだから。でも昼間は、陽気なふりをして人前に出なければならないし、とても苦しかったのよ。ようやく少し気分が楽になり、泣くこともできるし、あなたに心を開くこともできます。これまではやさしい平和な感情だけで満ちていた私の心の中に、これ以上ない苦しみが生まれるなんて、考えもしなかったわ。友よ、私は何をすべきなのかしら。教えて下さい。私はあなたに私の持っているものすべてを差し上げました。尊敬の念や友情を。これらの感情だけではあなたに不十分だったのでしょうか。それを告げる気力が残っているかしら？　私たちはもう会えないのね、ああ、それがどんなに苦しいことか。でもたいしたことではないわ！　あなたが幸せかどうか、私は関与できないのですもの。さようなら、私の友よ、私よりもっと豊かな心の持ち主があなたを幸せになさいますように。」

この時はまだ具体的な相手を知らなかったようである。

絶望の淵へ

ナポレオンから結婚の予告があったのだろうか。一七九六年三月七日、デジレは絶望の手紙を書いている。

「あなたは私の全生涯を不幸に陥れました。私はまだあなたを許す気にはなりません。あなたは結婚なさるのね。かわいそうなユージェニーは、あなたを愛し、あなたのことを考えることも許されないのですね。現在、私に残された唯一の慰めは、私が死しか望んでいないことで、あなたへの貞節を証明できるだろうということです。あなたに献身できなくなってから、人生は苦しみに満ちたものになりました。結婚したあなた！　この考えに慣れることができません。この考えは私をだめにしてしまいます。私は決して結婚しないでしょう。ご結婚にすべての幸せと繁栄を祈っています。あなたが選ばれた女性が、私がしたようにあなたを幸せにし、あなたがそれを享受なさいますように。ただ、幸福の真只中にあっても、ユージェニーのことを忘れず、その運命を慮ってください。」

婚約者のひどい裏切りに対し、なんと寛容なことか、恨みつらみをもっと言いたいだろうに、彼とその伴侶の幸せと繁栄を祈っている。

ナポレオンとデジレは肉体的にも結ばれていたのだろうか。ナポレオンは、セント・ヘレナ島での回想で、デジレの処女を奪ったと言っている。またその罪悪感で、のちにデジレの夫となるベルナドットを重用したとも言っている。手紙の内容からも、vousからtuへと親しみをこめたものになる変化や、「川べりの散歩」、「森の中ですごしたこと」など、それらしいことを暗示する表現が二人の手紙に散見する。またモントルドンにあるクラリー家別邸（口絵参照）は、人気のない静かな場所にあり、愛の舞台としてもぴったりだ。

ベルナドットと結婚

失恋で絶望の淵にあったデジレだが、二年後の一七九八年八月一七日、当時は将軍であったジャン＝バティスト＝ジュール・ベルナドット（一一歳年長）の求婚を受け入れ結婚する。ベルナドットは、ナポレオンとことごとに敵対しながらも、その地位を失わずにいた希有の存在である。ジュリーの夫ジョゼフと親しく、その口添えが大きかったようだ（一七九八年、ナポレオンはエジプトにいたが、兄ジョゼフあての七月二六日付の手紙で、次のようにデジレの結婚を祝福している。「私はデジレがもしベルナドットと結婚するのなら、彼女の幸福を祈りたい」、『ナポレオン自伝』）。

デジレはベルナドットとの結婚で幸せになったのだろう。翌年、一人息子オスカー（のちのスウェーデン王オスカーI世）が生まれたときには、名付け親になることをナポレオンに頼んでいる。

デジレは軍務で留守がちな夫との生活の寂しさを、実家の家族と過ごすことで癒していた。一八〇四年、夫は元帥の位にのぼり、さらには一八〇六年、ポンテ＝コルヴォ公国（イタリア南部）の大公になっていた。したがってデジレも大公妃ではあるが、常にパリに住み、儀典に煩わされることもなかった。デジレは商才にも長け、兄のニコラ・クラリーの助言も得て、資産を増やしていったという。

マルセイユ娘がスウェーデン王太子妃に

ところが、一八一〇年八月二〇日、思いがけないことが起きる。夫のベルナドットがスウェーデン議会によってスウェーデン王国の王太子に選ばれる。夫はこの運命を受け入れた。デジレは王国の王太子妃になることを喜んだだろうか。ナポレオンの兄弟姉妹はさまざまな国の王（王妃）や大公（大公妃）に任じられたが、そのほとんどはフランス国籍と皇族としての身分を維持していた（デジレの姉のジュリーは、夫ジョゼフがナポリ王に叙せられたため、すでに王妃の地位を得ていた）。

しかし、厳格なベルナドットはフランス国籍を捨て、スウェーデンの首都ストックホルムへ移るとデジレに告げる。デジレもそれに従うが、これはデジレにとっては大変なことだった。冬の間も太陽がさんさんと降り注ぐ南仏マルセイユに生まれたデジレにとって、一年の半分は冬ともいえる北欧の気候、それに上流階級ではフランス語が通じるとはいえ言語の問題、宗教の問題（スウェーデンはルーテル派が支配的であり、カトリックは少数であった）、そして特に心を許した姉ジュリーと別れ住むなどつらいことが多かった。デジレは宮殿のあるストックホルムを避ける。

王妃デジレのその後

一八一四年四月、ナポレオンが無条件降伏をし、エルバ島へ流された後、ウィーンでの連合国会議で、ロシアはベルナドットをフランス王位へと推薦するが、結局はブルボン王朝の復活となる。

一八一八年二月五日、夫ベルナドットはスウェーデンとノルウェーの国王シャルルⅩⅣ世ジャンとして即位する。デジレは王妃として即位式に出席するが、その後は一八二三年まで、「ゴートランド伯爵夫人」の肩書きで、当時姉ジュリーが住んでいたベルギーや故国フランスで過ごす。

運命の皮肉は一度だけではない。一人息子のオスカーが、ジョゼフィーヌの息子ウージェーヌの長女ジョゼフィーヌ・ド・ローシュテンベルグと婚約が調い、結婚することになった。王妃として、また王太子の母としての義務を遂行するため、一八二三年六月、デジレはストックホルムに戻る。その後は亡くなるまで、その地を離れることはなかった。一八二九年には正式に王妃の称号を受ける。もうこの頃には姉ジュリーは王妃ではなく、亡命者となっていたが、姉との気の置けない文通がなによりの慰めになっていたようだ。

一八四四年、デジレに不幸が押し寄せる。三月には夫が卒中の発作を起こし急逝する。その翌年、一八四五年四月一七日には心の支えだった姉ジュリーが亡くなる。姉には「宮廷って、そこで育っていないものにはつまらないところよね」と書き送り、姉もまた「マルセイユにいたころのほうが幸せだったわね」と返していたのだ。

一八五九年七月には息子オスカーI世が死去、力を落としたデジレは翌一八六〇年一二月一七日、八三歳で亡くなる。死ぬまでカトリックであり続けたが、死後、遺骸は亡夫ベルナドットの墓があるストックホルムのルーテル教会に埋葬された。

一八二三年に結婚したオスカーとジョゼフィーヌの息子夫婦は、二人の息子（のちのオスカーII世とシャルルXV世）を得、そこから現在のデンマーク、ノルウェー、スウェーデン、ベルギー、ルクセンブルグの王室へと血筋がつながっている。（見返し系図参照）

デジレ・クラリーの述懐

　ナポレオンを初めて見たときのこと、まだはっきり覚えているわ。痩せて、小柄でしたけど、目つきの鋭いこと。見つめられて、私はうつむいてしまいましたわ。そんなに大きい声でお話にならなくて、まだコルシカの訛りがおありでした。特にお母様のレティツィア様やジョゼフお兄様たちとご一緒のときは、そうだったわ。だから私もプロヴァンスの訛りを恥ずかしがらずにすんだの。

　求婚された時、もうびっくりしたわ。ジョゼフお義兄様とジュリーお姉さまの結婚式のあとだったけど、私はうれしくて気を失いそうだったの。

　お姉さまたちの結婚式の翌年に婚約が調って、ナポレオンはマルセイユの司令部にいたので、たびたび会いに来て下さったわ。モントルドンの別荘でご一緒の時間をすごしたのよ。その時は、彼がずっとマルセイユにいてくださるものと思っていたの。ところが、パリに呼び戻されて、離ればなれになり寂しかったわ。でも彼は軍人だから、お国のためには、命令とあらばどこへでもいらっしゃるのよね。お互い、肖像画を贈りあって、お手紙も毎日書くってお約束したの。ピアノの練習や、歌の勉強も言われる通りがんばったのよ。本だってたくさん読みました。ナポレオンの妻になるのに必要だと思ってのことでした。

　パリに行ってから、ナポレオンはとっても大変だったみたい。西部軍への赴任を拒否したりしたので、お給料も半分になってしまったというし、南仏にはお母様を始め、弟妹たちがたくさんいらして、送金をしなければならなかったから。

　女性のうわさも聞きました。でも私はお相手がタリアン夫人だとばかり思って、既婚の方だからと、安心していたのね。ボーアルネ子爵の未亡人だなんて、ダークホースもいいところよ。六歳も年上だし、お子様も二人いらっしゃるし、全然お名前を聞いたことはなかったわ。ナポレオンの好みは清純派だと思っていたの。私を選ばれたこともあって、処女でなければならないと思いこんでいたから、本当に意外でしたわ。

　ジョゼフィーヌ皇后をうらんでいるか？　ですって。うらんでなんかいません。悪いのはナポレオンなんですもの。ナポレオンがほれ込んでしまったの。「恋は盲目」よ。でも私にとっては初恋でしょう。ですから本当にショックを受けて、死にたいと思ったわ。

　ユージェニーの名前はナポレオンと縁切り後は使っていません。その後はデジレ・クラリーです。


　ベルナドットとの出会いですか？　彼はジョゼフ義兄様とお親しかったの。それでよく見かけていましたのよ。ナポレオンとのいきさつをご承知の上で、私にプロポーズなさったの。ベルナドットはとても真面目で、誠実で、ナポレオンの不誠実に傷ついた私には理想的な方でした。ナポレオンのやり方に批判的で、是々非々を貫くし、ナポレオンに媚びへつらわないのがよかったわ。

　息子のオスカーの名付け親をナポレオンにお願いしたこと？　ちょっと見せつけてやりたい気持ちがあったかもしれないわ。幸せな結婚をして、男の子に恵まれたところを。私にオスカーが生まれて救われたのよ。ベルナドットがスウェーデンの王太子に選ばれて、結局国王になりましたでしょう。私はちっともストックホルムにいなかったから、これで後継ぎの母でなければ、きっと離別されたわ。そういえば、ナポレオン、ベルナドットが王太子に選ばれた時、実はご不満だったのよ。だって、ご自分の兄弟や妹たちの配偶者を国王や大公に叙したでしょう。ベルナドットの場合、彼の身内でもないし、彼の意志の入らないところで選ばれたし、それにフランス国籍も捨てて、ナポレオンの支配から外れたし。

息子の結婚相手がジョゼフィーヌ皇后のお孫さまだということについて、どう思うかですか。運命のめぐりあわせと思っています。あの方に対して、悪感情は持っていませんもの。ウージェーヌ副王様もご立派な方ですしね。嫁の名前、皇后と同じジョゼフィーヌといいますのよ。

姉のジュリーとよく話していたものですわ。ボナパルト家と知り合わなければ、私たちはどうなっていたかしらって。きっとマルセイユの商人仲間の人と結婚して、子どもを四〜五人生んで、のんびり暮らしていたことでしょうね、って。

波乱万丈の生活って、いいことがあっても、苦労のほうが多いものよ。ナポレオンをみていると、つくづくそう思うわ。後悔していること、それは彼が連合軍から退位を迫られる前に、ベルナドットへの取次を頼んできたの。ベルナドットに連合軍との仲介を頼みたかったみたい。「フランスのために」と言うのだけど、私たちはもうフランス人ではなかったし、「ナポレオンのフランス」をベルナドットが助けるとは思えなかったから、お断りしたの。仕方ないわよね。でもナポレオンを見捨てたことになって、ちょっぴり後悔しているわ。だって初恋の人だし、まだ愛していたのかも…。

コラム1・デジレ・クラリー豆知識

マルセイユの港近くにデジレ・クラリーという地下鉄の駅がある。デジレ・クラリー通りがあるためだが、この周辺は、デジレの祖父が絹製品を扱う店をおいたところだ。フランス南東部ドーフィネ地方出身の祖父は、マルセイユに店を開き、父フランソワが商売を拡大した。その功をもって名づけられたのだが、フランソワ・クラリー通りではなく、デジレ・クラリー通りとなっている。デジレの方が有名なためだという。

若い恋人たちが共にひとときを過ごした旧クラリー家別邸について（口絵参照）。マルセイユの市街地からコルニッシュと呼ばれる海岸通りを通り、六キロほどいったところに、ポワント・ルージュという小さな漁港がある。現在ではマルセイユ市に編入されているが、その漁港から少し陸地にはいったところがモントルドンと呼ばれる地域である。地中海版フィヨルドであるカランクの入り口にもあたる。海まで石灰岩の丘陵が迫った土地である。野生の松が生い茂り、夏の日差しを遮ってくれる。

海と山が共存したこの地は、マルセイユの富裕な商人たちにとって、格好の別荘地でもあった。日帰りも可能であるし、海からと山からの風が吹き、暑さをしのぐためにも最適の土地である。海から少し入った丘陵の入り口にクラリー家の別邸はあった。

現在はサンデルヴァル伯爵の所有となっている。伯はパリ在住で、この建物を夏の別荘として使用されているようだ。

第2章　最初の妻ジョゼフィーヌ

――クレオール娘がフランス皇后、そしてヨーロッパ諸王室の祖に

1　ローズ時代

ジョゼフィーヌは一七六三年六月二三日、カリブ海の仏旧植民地マルティニーク島に生まれた。祖父ガスパールは一七二六年、マルティニークに入植した。二代目の父はジョゼフ・ガスパール・ド・タシエ、軍人であり、ラ・パジュリー農園主となっていた。母はローズ・クレール・ド・ヴェルジエール・ド・サノワで、島の最上流階級に属した家族の出である。ジョゼフィーヌの正式な名前は、マリー・ジョゼフ・ローズ・タシェ・ド・ラ・パジュリーである。

クレオールとは西インド諸島、ギアナなど旧植民地で生まれた白人とその子孫のことである。クレオール娘というと、土着の娘が皇后の位に成り上がったという印象をもたれているようだが、裕福な貴族の家の出身である。

結婚のためフランス本土へ
——ラ・パジュリー嬢からボーアルネ子爵夫人へ

一七七九年八月末、ローズ（ジョゼフィーヌは当時そう呼ばれていた）は結婚のためマルティニーク島を出て、一〇月一二日、フランス北西端の港町ブレストに到着する。そしてその年の一二月一三日、アレクサンドル・ド・ボーアルネ子爵と結婚をする。

この縁談はどうやって成立したのだろうか。そこには込み入った事情がある。新郎アレクサンドル・ド・ボーアルネの父、フランソワ・ド・ボーアルネ侯爵とローズの父、ド・タシェは旧知の仲であった。ボーアルネ侯爵は軍人出身の行政官で、マルティニーク島に総督として派遣されていた時、タシェ家との交流が生まれた。またアレクサンドルは父の総督時代にマルティニークで生まれており（一七六〇年五月二八日）、六一年から六五年までは、ローズの父方の祖母のもとで育てられている。

ボーアルネ侯爵は本土へ戻ったあとも、マルティニークへの思いを持ち続けており、アレクサンドルの母である妻没後（一七六七年）は、タシェの妹、ルノードン夫人と同棲し、彼女はアレクサンドルの母の役割も果たしていた（一七九六年正式に結婚）。この関係を維持していきたいという意図から、侯爵はタシェ家との縁組を希望する。当初はローズの妹を考えていたが、妹が母親のもとを離れたがらなかったため、ローズにおはちがまわってきたのである。親同士が自分たちの都合で決めた縁談であったが、このような結婚は、当時きわめて普通のことであった。

ボーアルネ家とは

ボーアルネ家は高級行政官出身の富裕な貴族であった。タシェ家はマルティニークにおける有数の農園経営者で、家柄は母方ではルイ六世やルイ七世に直結するという名門であった。家柄・財産共になんら遜色のない両家であった。婚前に交わされた結婚契約（有産階級は結婚時に、それぞれの所有財産と、結婚後の財産配分などを明記した結婚契約を結び、書面に残していた。これは現在も行われている）では、ローズは一二万リーヴルを持参金としている。

新郎は一九歳、新婦は一六歳という若いカップル誕生である。一七八一年九月三日、長男ウージェーヌ、一七八三年四月一〇日には長女オルタンスが誕生する。当初は仲睦まじい若夫婦であったが、その期間は長くは続かなかった。夫アレクサンドルは放蕩者であり、また軍務についていたことから、留守がちであった。結婚四か月後には軍務に復帰し、長男誕生後も長期に、妻を置き去りにしていた。一七八二年九月にはマルティニークに渡り、そこで旧知の年上の女性と関係を持つ。オルタンスが早産で生まれたことで、その出生に疑いを持ち、ローズに対し侮辱的な手紙を送ったりした。夫婦仲はすっかり冷え切ったものとなり、一七八三年一二月、ローズは夫との別居を申し立てる。一七八五年三月には公証人の前で署名をした正式な別居となり、年間五〇〇〇フランの婚費を受け取ることになる。ローズの浪費癖はすでに始まっており、五〇〇〇フランではとても足りなかった。一八〇九年にナポレオンが離婚後の年金として提示した三〇〇万フランという金額は、二四年後のこととはいえ、破格であったことがわかる（連合国が認めたナポレオンのエルバ島での経費も三〇〇万フランであった）。

破たんした最初の結婚

ローズはパリ・グルネル通りにあったベルナール修道会が経営するパンテモン修道院に入る。そこは夫婦間に問題のある上流階級の女性が暮らしているところであった。そこでローズは上流婦人の立ち居振る舞いを学び、優雅な雰囲気を身につけるのである。教養ばかりではなく、魅力を使っての駆け引きの術も学んだようだ。さらにはフォンテーヌブローの義父の家で、サロンに出入りする上流の人々との交際を通じて、社交術を身につける。

一七八八年七月、故郷のマルティニークにオルタンスを伴って帰っている。しかし、本国で起きた大革命がマルティニークにも波及し、被統治者黒人たちの反乱もあり、ローズは娘オルタンスと共に本土へと逃げ戻る。一七九〇年一〇月二九日、フランス南部のトゥーロンに到着した。

夫アレクサンドルの出世と失脚

一方、別居中の夫アレクサンドルは、大革命の中心的存在となり、一七九一年四月ジャコバンクラブを主宰、同年六〜七月には立憲議会議長をつとめた。逃亡中のルイ一六世とマリー・アントワネットがみつかったフランス北東部のヴァレンヌまで、立憲議会議長であるアレクサンドルが迎えに行った事実もある（一七九一年六月二〇日）。

政治の世界から軍務に復帰したアレクサンドルは出世を重ね、将軍位まで登るが、一つの敗戦の責任者とされ投獄されたのち、一七九四年七月二三日、死刑に処せられてしまう。

ローズも一七九四年四月二一日、共に投獄されたのだが、ロベスピエールの恐怖政治に反対する一派の起こしたテルミドールのクーデタ（一七九四年七月二七日）の結果、八月六日に処刑寸前で釈放される。このクーデタは、ロベスピエールに対立するタリアンが、獄中にある自分の恋人テレーズ（のちのタリアン夫人）を救うため、しかけたものともいわれている。事件の裏には女ありの一例だ。ただしアレクサンドルは幸運に恵まれず、クーデタの四日前に処刑されてしまった。

ナポレオンとの出会い

かわいそうなローズ、三一歳で未亡人になってしまった。クーデタ後の混乱の中で、彼女は生活費と保護者を必要としていた。タリアン夫人テレーズのところで、有力な革命指導者であったバラスを知り、その庇護を受ける。一七九五年夏、叔母であり義父ボーアルネ侯爵の愛人でもあるルノードン夫人の援助もあり、子ども二人を寄宿舎に入れ、ローズはパリ・シャントレーヌ通りに住居を構える（現在のヴィクトワール通り、六五ページ参照）。

そして王党派の蜂起（ヴァンデミエールの蜂起・一七九五年一〇月五日）を鎮圧した時の人、ナポレオン・ボナパルトを紹介されるのである。ナポレオンにとっては運命の出会いである。フランス語の表現で、「Un coup de foudre（雷の一撃）つまり一目ぼれしてしまったナポレオンは、バラスの愛人であるローズに求愛する。マルセイユにいる婚約者のデジレのことは忘れ去ってしまった。紹介されたのは一〇月一五日ということだが、『ナポレオンの恋文』にあるナポレオンからジョゼフィーヌ宛の最初の手紙は一〇月二八日付のもので、恋の手管に慣れない青年ナポレオンの一途さの見える手紙である。短く、また遠慮も感じられる。

「ナポレオンから女性市民ボーアルネへ、　パリ、一七九五年十月二八日

私はあなたへの手紙を託す人を思いつきません。お願いですから、私以上にあなたの友情を欲している者はいない、と信じる喜びを、私に与えて下さい。そしてそれを証明する機会を与えて下さい。もし仕事から抜け出せるものなら、自分でこの手紙を持参したいところです。

ボナパルト」

＊サインはボナパルトとなっている。従って、戸籍上とは別に、当時すでにナポレオン・ボナパルトと名乗っていたように思われる。

紹介の日付がはっきりしているというのは、だれかの日記にでも記録があるのだろうか、それとも革命の記録に載せられているのだろうか。

ジョゼフィーヌにぞっこんのナポレオン

ナポレオンの日夜をわかたぬ求愛攻撃に、ローズもつい心ほだされ、彼の想いを受け入れる。初めてベッドを共にしたのはおそらく一二月のことであろう。はっきりした日付はないが、有名な後朝《きぬぎぬ》の手紙が残っている。

「女性市民ボーアルネへ。

私は君のことで思いあふれて目が覚めました。君の肖像と昨夜の陶酔が、私の官能に休息のいとまを与えなかったのです。

やさしくたぐいなきジョゼフィーヌよ、あなたはなんという奇妙な力を私に及ぼすのでしょう。あなたが腹を立てたり、寂しそうだったり、心配事がありそうな時、私の魂は苦しみでくじけてしまいます。そしてあなたの友には心の休息がなくなるのです。しかし、私を支配している深い感情に身を任せ、あなたの唇の上、あなたの胸の上から、私を焼きつくす炎をむさぼっている時ですら、さらに休息はなくなってしまいます。ああ！　昨夜こそ私は気づきました。あなたの肖像画はあなたそのものではないことに！

君は正午に出発するのですね。三時間うちには君に会えるのですね。それまで、ミオ・ドルチェ・アモーレ（私の優しい恋人）、千の接吻を送ります。私には接吻を送らないでください。君の接吻は私の血を燃え立たせるからです。」

この手紙はあなた vous と君 tu が混在している。そしてジョゼフィーヌという呼びかけをしている。一〇月一五日からこの日までの間に、ナポレオンはローズのことをジョゼフィーヌと呼ぶ仲になっていたのだ。ローズの二番目の名前ジョゼフを変えたものである。そして彼の生涯通じてよく使うことになるミオ・ドルチェ・アモーレが登場している。コルシカ生まれのナポレオンは、イタリア語も流暢に話した。

革命後、王制や貴族制をなくしたあと、国民はみな市民―シトワイヤン、女性市民―シトワイエンヌと呼ばれることになった。身分差がなくなったことを示している。この表現はデジレ・クラリーにも用いているが、パリではより頻繁に用いられていた。ジョゼフィーヌに対しても、子爵夫人ではなく、女性市民と呼びかけている。

結婚式

結婚式は一七九六年三月九日、パリ第二区の区役所で行われた。新郎は二六歳、新婦は三二歳であったが、結婚の記録には、新婦は四歳若く（二八歳・妹の年齢）、新郎は一歳半年長（二七歳・兄の年齢）になる生年月日を記したということだ。六歳の年の差をなるべく小さいものに、とごまかしている。双方共、家族の出席はなく、証人のみであった。新婦側証人として元愛人のバラスが列席した。
一七九二年九月二〇日の法律により、民事婚をもって結婚の成立とすることになったが、ナポレオンはそれを実践した形になる。慣習にとらわれず、新しいスタイルを目指した青年ナポレオンの気概が感じられる（宗教婚はその後、戴冠式前日の一八〇二年一二月二日に行われている）。

この二人の結婚式は、ナポレオンの遠征出発二日前の夜にあげられたので、急に決まったもののような印象を受けるがそうではない。通常の結婚の手続きは踏んでいる。まず双方の出生地で、結婚公告を行う努力をしている。これは重婚を防ぐため、出生地の役所に、結婚式に先立つ二週間前に、結婚予告をするというもの。しかしこの二人は共に出身地が遠隔であること（コルシカとマルティニーク）を利用して、意図的に書類の発送を遅らせたようだ。また結納の品の交換も行われており、ナポレオンはジョゼフィーヌに、透かし彫りと七宝で装飾された金のエンゲージリングを贈っているが、それには「誠実な愛（amour sincère）」の文字が彫られていた。結婚式では結婚指輪の交換も行われた。ナポレオンが贈った指輪には、「運命のままに（au destin）」と彫られていたそうだ。ウェディング・ドレスはまだ白である必要はなかった。ジョゼフィーヌは、当時の流行であった胸元を強調したドレスを着用したと思われる。花嫁衣装が白になるのは、娘オルタンスやナポレオンの妹カロリーヌの頃からである。

当時、新郎から新婦へ結婚の贈り物（corbeilles de mariage）、すなわち結納の品を贈る習慣があった。プレゼントの品々をかごにつめて贈るのだが、入りきれないものも多い。かごも装飾的な趣向をこらしたものである。ジョゼフィーヌがナポレオンから受け取ったかごは、木組みを絹で覆い、細い銀糸で飾られていた。内部は白サテンでカバーされている。ふたの部分にジョゼフィーヌのイニシアルJという文字が浮かんでいる。贈り物はドレス、ショール、ストッキング、宝石など高価で花嫁を魅するものがそろえられた。

結婚契約も結ばれた。ジョゼフィーヌの代理人は、ナポレオンが軍服と軍刀しか持っていないとして、夫婦別財産と子ども（ウージェーヌとオルタンス）の養育権の維持を主張している。マルティニークの農園からの収入が二万五千フラン、それにシャントレーヌ通りの家（借家）にある銀器、家具、リネン類がジョゼフィーヌの財産で、ナポレオンは一五〇〇フランを寡婦年金（死亡または離別時に、信託財産から支払われる）として保証している。

この結婚はボナパルト家には秘密であり、結婚後、既成事実として告げられた。保守的なボナパルト家にとって、寡婦で子持ちのジョゼフィーヌは決して望ましい嫁ではなかった。ナポレオンの母レティツィアは親しいクラリー家の婚約者デジレの方を気に入っていた。

出会いはどのように？

ナポレオンがジョゼフィーヌを知ったのは、バラスの紹介によるというのが通説であるが、もう一説ある。王党派の蜂起を鎮圧したのち、ナポレオンは武器狩を行った。ジョゼフィーヌの息子ウージェーヌは、没収された父アレクサンドル・ド・ボーアルネ子爵の遺品の剣を返却してくれるよう、ナポレオンに頼みにいった。一四歳の若く、凛々しいウージェーヌの健気な依頼を快諾した。その後ボーアルネ夫人が礼状を送って、自宅に招待した。これに応じてシャントレーヌ通りを訪問したナポレオンは、ジョゼフィーヌの美しさに一目ぼれしたというのである。このエピソードについては、ナポレオンとウージェーヌが対面している絵も描かれている。

ジョゼフィーヌの容貌

ナポレオンが一目ぼれしたジョゼフィーヌの容貌はどんなだったろう。肖像画を見た印象では、まずおちょぼ口が目につく。唇の端をきゅっとすぼめたところがチャーミングだ。瞳は大きく、眉もしっかりしている。クレオール（カリブ海出身）だから、浅黒い肌をしていたという説もあるが、絵から見ると、透き通るような白いもち肌に見える。耳は福耳といえるのではないだろうか。立ち姿の絵やマルメゾンに展示されたドレスなどから見ると、中肉中背といえそうだ。身長の低かったナポレオンとの差もあまりなさそうだ。胸は豊満で、首や腕は太めにみえる。

優雅な立ち居振る舞い、機転の利いた会話、コケットリーなしぐさ、そんなところに田舎出のナポレオンは魅せられたのだろう。

名前について

ナポレオンは親密な関係になると、ローズからジョゼフィーヌに名前を変えさせたが、ナポレオン自身、パリに来てからナポレオーネ・ド・ブオナパルテというイタリア風の名前から、ナポレオン・ボナパルトと変えている。妹たちも、マリア・アンナからエリザ、マリア・パオレッタからポーリーヌ、マリア・ヌンツィアータからカロリーヌと改名したいきさつがある。

当時、早逝した子の名前を後に生まれた子に継承させる習慣があったようだ。ボナパルト家において、第一子（男）をナポレオンと名づけたが、すぐに死亡。その名を第四子に用いている。また第二子（女）をマリア・アンナと名づけたが、早逝。その名は第五子に付けられ、再び早逝。そして第八子に付けられている。この第八子がエリザである（見返し系図参照）。
ナポレオンの兄ジョゼフは妻ジュリーとの間に三女を儲けたが、長女ザナイドが一歳で死亡。その後生まれた次女に同じくザナイドと名づけている。

イタリア遠征中のナポレオンとジョゼフィーヌ

結婚式から二日後の三月一一日に、ナポレオンはイタリア遠征軍の指揮をとるためニースへと発つ。結婚後最初の手紙は、三月一四日、宛先はパリ、シャントレーヌ通り、まだ宛名を女性市民ボーアルネとしている。奇妙な書き出しである。

「女性市民ボーアルネへ、
パリ、シャントレーヌ通り、シャンソー、共和暦四年風月二四日（一七九六年三月一四日）
シャティヨンから君に書いています。私のものであるお金を君がいくらか受け取れるよう、委任状を送りました。その金額は、正貨で七〇ルイ、アッシニア紙幣で一万五千リーヴルになるでしょう。
すてきな友よ、一瞬毎に君から遠ざかっているし、それ故に一瞬一瞬元気がなくなっている。君はわが想いの永遠の対象なのだ。私は君が何をしているか、といつも想像している。

君が淋しくしているなら、私の心はズタズタになり、心の痛みは大きくなる。しかしもし君が友人たちと楽しくはしゃいでいるなら、三日間も離ればなれでいる悲しみをたやすくお忘れですね、と君をなじりたい。だとすると、君は軽薄で、深い感情には心動かされないのだ。おわかりのように、私を満足させるのはたやすいことではない。しかし、私の恋人よ、これは別のことなのだ。君の健康が損なわれてはいないか、私が推察できない悲しみを抱いているのではないか、と心配しています。だから君の心から私を離してしまう速さが怖いのです。

私は君の生来の優しさが、私のためには存在していないと実際感じています。そして私が満足していられるためには、君に不愉快なことが何もなかったと、すべてのことが保証するしかないと思っているのです。人は私によく眠れましたか？　と問います。それに答える前に、私は君が充分に休息をとれたかを確かめる手紙を受け取る必要があるのです。病気や人の怒りが、君を、わが恋人を襲うかもしれないという考えが生じるだけで、私を苦しめるのです。最も大きな危険の中で、いつも私を守ってくれる私の守護神が君を包み、覆い尽くすように、そして私にだけ見えますように。ああ、あまり楽しまないで、少し憂鬱にしていて、君の心は君のきれいなからだのように、苦しみや病気から逃れられますように。これはオシアン（注）が言ったことだと知っていますか？

わたしのやさしい友よ、手紙を、長い手紙を書いて下さい。そして一〇〇一回の最も甘美で真実の愛の接吻を受けて下さい。　　　　ボナパルト」

（注・三世紀スコットランドの伝説的英雄・詩人。当時オシアンの戯曲が演じられ、評判となっていた。）

結婚直後の手紙だというのに、まず送金した事実から始めている。ジョゼフィーヌの借金は焦眉の問題であった。まだ新妻のことをすべてわかりきれないまま離れざるをえない夫の疑心が垣間見える。

それからさらに一六日後、三月三〇日に、ニース到着後に書かれた手紙は燃えるような熱情で認められている。

「私は一日たりと、君を愛さないで過ごしたことはない。私は一夜たりと、君をわが腕に抱きしめないで過ごしたことはない。私は一杯のお茶ですら、私の愛しい人から私を遠ざけている栄光や野心をのろわずして飲んだことはない。諸事の中にあっても、部隊の先頭に立っていても、営地を駆け巡っていても、私の愛するジョゼフィーヌだけが心の中にあり、私の気持ちを占め、私の想いを独占している。たとえ、ローヌ川の奔流のような速さで君から遠ざかっているとしても、それは君と早く再会を果たしたいと思ってのことなのだ。夜中に起きて仕事をするのは、わが愛する友の到着を数日でも早めることができるようにと思ってのことなのだ。ところが、君の風月二三日付と二六日付の手紙では、君は私をvousと呼んでいる。ほかならぬ君がだ。いけない人、どうしてこんな手紙を書くことができるのだ。なんと冷淡な手紙だ。それに二三日から二六日までの四日間、夫に手紙を書きもしないで、君は何をしていたのだ。（中略）

君がもう私を愛していないという日は、私にとって愛の最後の日であり、わが人生最後の日だろう。（後略）」

そして追伸がある。

「戦争は今年はがらりと様子を変えている。私は肉、パン、マグサを与えさせた。私の武装騎馬部隊はもうじき前進を始めるだろう。兵士たちは筆舌に尽くせないほどの信頼を私に寄せている。君だけが私を悲しませている。君だけが私の生活の喜びであり、苦しみなのだ。君の子どもたちに接吻を送ります。君は子どもたちのことを書いてこないね。もちろん、君が子どものことを書けば、手紙は五割方長くなるだろうし、そうなれば、訪問客は朝の一〇時に君に会う喜びは持てないだろうね、妻よ!!」

イタリア遠征の意義

当時、イタリアは統一されておらず、北部はいくつもの小公国に分割され、神聖ローマ帝国の支配下にあった。この時の遠征の目的はオーストリアの勢力を追放すること、イタリアをフランスの勢力圏にいれること、などであった。ナポレオンはイタリア戦役により、フランスの国に対し、多額の賠償金や美術品を獲得して、革命後の疲弊した財政再建に貢献した。更に、個人的には名声と財産を得たのであった。

ジョゼフィーヌの述懐(1)――結婚にいたるまで

まず言いたいのは、私が六歳年上なのに結婚したというので、悪者みたいに評価されているけど、結婚したがったのはナポレオン。私はどうでもよかったのよ。私が理想としていた結婚相手は、お金持ちのご老人。でもナポレオンをバラスに紹介されて、ちょっと優しくしたら、もう燃え上って、迫ってくるんですもの。若すぎるし、お金もなさそうだし、袖にするつもりだったのだけど、あまりに一本気だし、バラスが有望株だって推薦するし、私の魅力もいつまで有効かわからないでしょ。この辺で手を打っておこうと思ったの。子どもたちの保護も約束してくれたしね。mariage d'amour（愛ある結婚）か mariage de raison（打算による結婚）かといわれれば、あとの方ね。でも愛もいくらかはあったのよ。

結婚式といっても、区役所で宣誓して、書類にサインするだけよ。だって、親にも秘密だったし、なにせ出発まで時間もないのですもの。ナポレオンが旧弊にとらわれたくないというし、私が再婚ということもあって、強いて教会での結婚は考えなかったの。住まいも私の住んでいる家にそのまま住み続けたし、入り婿みたいね。ド・ボーアルネからブオナパルテに姓が変わったのだけど、ブオナパルテではなくフランス風のボナパルトにしたんだわ。私の呼び名もローズからジョゼフィーヌにしろって。私は彼のこと、将軍と呼んでいました。Mon général 私の将軍て、どの将軍にもそう呼びかけるでしょう。でもモンがついているから、特別自分だけに呼びかけられたみたいと喜んでいたの。子どもみたいよね。

彼、結婚式から二日後にはニースに向けて出発したでしょう。ほっとしたわ。なにしろ彼といると、嵐の中にいるみたいで疲れるの。これまでの自分の家で、子どもは寄宿学校に入れているし、お客を迎えて、変わらない生活ができてとてもよかったわ。お金も送ってくれるようになったし。ただ、手紙をたくさん書いてくるのはいいのだけど、私からも毎日書くようにと指示ばかり。面倒なのよね。

デジレ・クラリーと婚約解消したことを知っていたか、ですって？　知るわけないでしょう、そんな小娘のこと。マルセイユの田舎娘と適当に遊ぶため、婚約なんかしたのでしょうけど、私には関係ないわ。でもジョゼフ義兄様の義妹だったわね。

ボナパルト家の人たちとうまくいったか？　うまくいくはずないでしょう。最初っから拒否されていたわ。最後までね。六歳年上の後家さんというので、私がナポレオンを誘惑したと思いこんでいるの。クレオール女とか老女とか、陰口をきかれていたのよ。あの方たちだって、コルシカ出身じゃない。本土出身じゃない点では一緒なのに。

2　出世街道スタート

早くイタリアへおいでよ

結婚式から二日後にはイタリア遠征に出発したナポレオン、おそらくは戦局が落ち着いたら、ジョゼフィーヌがイタリアへ来ることで話がついていたのであろう。ただ、ナポレオンとジョゼフィーヌの思惑はなかなか一致しないのが常なのだが。

一七九六年四月二四日の手紙はいろいろな意味で興味深い。まず宛名にイタリア遠征軍、自由、平等という語が付け加えられている。他の手紙には見られないもので、その意とするところは不明である。また差し出しの日付のあとに、唯一・不可分のフランス共和国という語が用いられている。

内容の部分は、兄ジョゼフにこの手紙を託すこと、ジョゼフがパリのジョゼフィーヌに会いに来ること、バラスにジョゼフのポストを依頼していること、部下のジュノーが戦果の軍旗をパリに届けるから、その帰途同道するようにと指示していること、などが注目される。兄ジョゼフには結婚のことを告げ、賛同を得たことは先に四月八日の手紙で知らせている。二つの追伸で、お金のことと、ジョゼフィーヌの縁故関係者を登用する意図を告げている。

「女性市民ボナパルトへ、シャントレーヌ通り六番地、パリ
イタリア遠征軍、自由・平等　カル司令部　唯一・不可分のフランス共和国暦第四年花月五日（一七九六年四月二四日）　イタリア遠征軍総司令官より
わが愛しい友へ
私の兄がこの手紙を君に手渡すだろう。私は彼に最大の友情を持っている。彼は君の友情も得るだろうと望んでいる。彼は常にやさしく、善良な性格だ。彼はあらゆる美質を備えている。私はバラスに、彼をイタリアのどこかの港の領事に任命するよう手紙を書いた。彼は彼のかわいい妻と共に、大騒動や大事件から離れて生きたいと願っているのだ。彼のことをよろしく頼む。
私は君の一六日付と二一日付の手紙を受け取った。君は私に手紙を書かなくても平気でいられるのだね。何をしているのかい？　そう、私のよき友よ、私は、嫉妬ではなく、心配しているのだよ。早くこちらへおいで。もし君の来るのが遅れれば、私は病気になるだろうと、予告しておくよ。疲れや君のいないこと、この二つが一挙にくるのはつらい。
君の手紙は私の一日を楽しくさせてくれる、そんな幸福な日というのはしょっちゅうはないが。ジュノーはパリに二二本の軍旗を持ちかえった。

君はジュノーと一緒に来るべきだ、わかったかい？　もし、彼が一人で戻ってくるという不幸を味わうかも、と思うと、治しようのない不幸、慰めのない心痛、苦しみは続くだろうよ。私の賞賛すべき友よ、彼は君に会いに行くだろう、彼は君の殿堂で呼吸をするだろう。君は彼にすら、頬に接吻するというこの上ない貴重な好意を与えることだろう。私は一人きりで、とても遠くにいる。しかし、君は来てくれる、そうだろう？　君はここに、私のそばに、私の心に、私の腕の中に、私の唇の上にいるだろう！　羽をつけて飛んでおいでよ、おいでよ。だけど旅はゆっくりとなさい。道程は長く、道路は悪く、疲れるものだ。もし疲れがもとで君が病気にでもなったらいけないから、ゆっくりいらっしゃい、私の賞賛すべき友よ、しかしたびたび私のことを思っておくれ。

私はオルタンスから手紙を受け取った。彼女は本当に愛すべき人だ。彼女に手紙を書くつもりだ。私は彼女が大好きだし、彼女が欲しがっている香水を近々送るつもりだ。

注意してカルトンの歌（注・オシアンの悲劇的詩）を読みなさい、そして君の善良な友から遠くにあっても、彼のことを考えながら、心配せず、心にやましいことなく、眠りなさい。

胸にキスを、そしてもうちょっと下、もっと下の部分に接吻を。

Ｂ（ボナパルト）

君がお金を必要としているかどうか知らない。なぜなら君は一度も私に君の経済状態のことを話したことがないからだ。もし必要なら、私の二〇〇ルイを持っている私の兄に頼みなさい。

Ｂ（ボナパルト）

もし君がだれか任につけたいなら、私のもとへよこしなさい。私がその人を任につけよう。

シャトルノーも来ることができるだろう。」

しかし、四月二九日付の手紙では、ミュラが別途上京するから、ミュラと共にトリノ経由で来るようにと変更している。行程が違うのか、ミュラの方がジュノーより先にパリに到着し、またパリから先に出発するようだ。

イタリア戦線で輝かしい戦績をあげつつあるボナパルト将軍、その妻としてちやほやされ始めたジョゼフィーヌはパリを離れたくない。そこでとった手段は、妊娠しているという嘘の情報を流すことだった。五月一三日付の手紙を見よう。

「君が妊娠したというのは本当なのか。ミュラがそう書いてきた。彼は、このことで君の調子がよくなく、長旅に耐えられないだろうといっている。だから私は君を腕の中に抱きしめるという幸せを得られないでいる。私が愛する人からまだ数か月は離れていなければならないのだね。(後略)」

しかし、これで完全にイタリア行きから解放されたわけではない。体調が整えば来るようにというナポレオンの希望は伝えられる。五月一八日付では、

「どうしてだか知らないが、今朝以来、私はとても満足している。君がこちらに向けて出発したという予感がするのだ。この予感は私をとても幸せにしてくれた。もちろん、君はピエモンテ(イタリア北西部の州)を通るだろう。このルートはきちんと整っており、他のルートより短い。ミラノにきたら、この地方はとてもきれいだからきっと満足するだろう。私につい

ては、気が狂うほどに幸せになっている。君が妊娠している様子を死ぬほどみたいと思っている。（後略）」

しかしこの予感は当たらない。ジョゼフィーヌ宛に、来伊を促す切々たる手紙が毎日送られる。その中でも最も心打たれるのは、六月十四日付の手紙だ。

「女性市民ボナパルトへ、シャントレーヌ通り六番地、パリ
　トルトナ総司令部　唯一・不可分の共和国暦第四年草月二六日（一七九六年六月一三日）
私のいとしいジョゼフィーヌよ、一八日以来、私は君のことをあてにし、ミラノに着いているものと考えていた。ボルゲットーの戦場から出るや否や、私は君を探してミラノに駆けつけてきたのだが、君はいなかった。それから数日後、郵便がきて、君が出発しなかったことを知り、かつ君からの手紙もなかった。私の魂は苦悩に打ち砕かれた。私は地球上で私が興味を示すすべてのものから見捨てられたと感じた。私はかって、こんなに気弱になったことはない。苦痛にひたって、私は君にひどいことを書きすぎたかもしれない。私の手紙が君を悲しませたのなら、私は一生悲嘆にくれることになるだろう。テチーノ河が氾濫していたので、私はトルトナへと君の到着を待つために赴いた。毎日待っていたが、無意味だった。結局、四時間前までそこにいた。私は単に君がこないというニュースを知らせるだけの手紙を受け取った。

しかし一瞬の後、君が手紙を書かないのは、君が病気で、三人の医者が付き添っており、危篤だからだということを知ったときの私の不安がどんなに大きかったかは書かないでお

こう。私はこの時以来、筆舌に尽くしがたい状態にあるのだ。その人は私の心臓を持つべきで、私が君を愛するように君を愛する人でなければならない。ああ、このような悲しみに遭い、こんなに苦しい思いをすることがあろうとは思いもしなかった。私は苦しみには際限があると思っていた、しかし、私の魂の中では際限がない。私の血管には燃えるような熱がまだ流れている。しかし、私の心臓の中には絶望がある。君は苦しんでおり、私は君から遠くに離れている。ああ、君はこの世にもういないのかもしれない。人生は充分取るに足りないものだ。しかし私のあわれな理性は、死後に君と再会できないのではないかと恐れるし、二度と再び君に会えないかもしれないという考えに慣れることができないのだ。ジョゼフィーヌがもはやこの世の人ではないと知った日には、私は死んでしまうことだろう。そのときにはどんな義務、どんな称号ももはやこの世界と私を結びつけることはないだろう。人間はこんなに取るに足りないものなのだ。君のみが人間性の恥部を私の目から消してくれた。

すべての情熱が私を悩ませ、すべての予感が私を悲しませる。痛々しい孤独や魂を引き裂く悪魔から私を抜け出させてくれるものは何もない。私は先ず君に、私が君に書いた気違いじみた、非常識な手紙を許してもらわなければならない。もし君が病気でなかったら、私が取り乱してしまったのも灼熱の恋ゆえということがわかるだろう。君が危篤ではないということを私が納得する必要がある。わが友よ、あらゆることを健康専一にして、休養優先にするのだ。君は繊細で、虚弱で、病気がちだし、季節は暑い。旅程は長い。君に膝まづいて頼む、どうかかくも貴重な生命を危険にさらさないでおくれ。もし人生がどんなに短かろうと、三ヶ月は過ぎるだろう。あと三ヶ月も相見ることができないなんて…わが友よ、私はおそれおののいている。将来を考える気力はない、すべてがおそろしいし、私が落ち着けると思われる唯一の希望が私には欠けているのだ。私は魂の不滅を信じない。もし君が死んだら、私もすぐに死ぬだろう、絶望と意気消沈の死だ。

ミュラは君の病気が軽いと私を信じさせようとしている。しかし、君は手紙を書きはしない。君の手紙を受け取らなくなって一ヶ月がたった。君はやさしく、感じやすく、私を愛している。君は病気と医者の間で闘っているのだね、果敢にも、君を病気や死の腕からも解放する人間から遠く離れたまま…もし君の病気が長引くようなら、一時間でも君に会うための許しを得ておくれ。五日以内に私はパリにいる、そして一二日目には軍隊に帰りつく。君なしでは、君なしでは、私はここで役に立つことができない。栄光を望むものは愛せよ、祖国に仕えよ、私の魂はこの流浪の地にあって窒息しそうだ。私のよき友が苦しんでおり、病気だというのに、私は勝利のための作戦計画を冷静に練るなんてできないことだ。私はどんな表現を用いればいいかわからない、私はどんな行動をとればいいかわからない。私は郵便馬車にのってパリへ行きたい。しかし君が名誉に敏感だから、その名誉のために私の心に反して残っているのだ。お願いだから、私に手紙を書かせておくれ、君の病気の性質がどんなものか、何を心配すべきか私がわかるように。私たちの運命は恐ろしい。やっと結婚して、やっと結ばれたのに、もう離れ離れだ。私の涙は君の肖像をぬらしている。肖像だけが私のそばにいる。兄からの手紙もこない。ああ、きっと彼は私が胸をかきむしって取り返しがつかないことを知りはしないか心配しているのだ。さようなら、私の友よ、人生は厳しく、苦しみたるや際限がない‼　百万回の接吻を受けておくれ、私の一生を通じての愛に匹敵するものはないことを信じておくれ。私のことを想っておくれ、一日に二回手紙を書いておくれ。私をやつれさせる苦痛から早く解放しておくれ。来ておくれ、早く来ておくれ、しかし自愛専一に。

B」

病に伏したジョゼフィーヌを心配するナポレオンの心情がよく出ている。こんな手紙を受け取って、心打たれない女性がいるだろうか。しかしジョゼフィーヌはしたたかだ。

想うはジョゼフィーヌのことだけ

翌六月一五日にも新たに長々と慕情、病いへの懸念を書き送る。

「私が考えることは、君の寝室、君のベッド、君の胸のことばかりだ。君の病気こそが、昼夜を分かたず私が気にかけていることだ。食欲もなく、眠ることもできず、友情や栄光、祖国への関心も持てず、君だけなのだ。それ以外の世界のことはもう私にとっては存在せず、滅亡したに等しいことなのだ。私が名誉に執着するのは君がそれに執着するからだ。勝利に執着するのは君が喜ぶからだ。そうでなかったら、私はすべてを棄てて、君の足元に駆け付けよう。」

「私は何度も自問自答している。私は理由もなく心配している、彼女はすでに快復した、彼女は出発する、彼女は出発した、彼女はおそらくリヨンにすでに到着している…などだ。虚しい想像だ。君はベッドの中で、苦しんで、もっと美しく、もっと魅力的で、より可憐にしている。君の顔色は蒼く、目には力がない。もしわれわれ二人のうちのどちらかが病気になるとすれば、それは私ではないだろう。君より頑丈だし、より勇気がある私は、たやすく病気を克服できるだろう。運命は残酷だ。運命は君を病気にすることで、私に打撃を与えている。（後略）」

「相愛の人同士にはテレパシーがあるものだ。君が愛人を持つことを決して許せないことを知っているだろう。ましてや君に愛人を提供するなんてできないことだ。その愛人の心臓を引き裂くだろうし、愛人の存在が私の心を引き裂くことになる。そしてさらには君の聖なる体に向かって手をあげるかもしれない…いや決してできないだろう。そんなことをするくらいなら、私はもっとも貞淑な人すら私を裏切るこの世におさらばするだろう。（後略）」

ここでは愛人の存在を疑っている。それほどにジョゼフィーヌはのらりくらりと出発しない理由を作っているのだ。六月二六日にはまだこない、と恨みをたっぷり含んだ手紙を書いている。ただし、当時、貴族階級では夫婦共に愛人を持つのは普通だった。夫婦間に道徳観念が求められるのはむしろブルジョワジー階級であった。ジョゼフィーヌはアンシャンレジーム（旧制度）からの貴族であり、ナポレオンはブルジョワの感覚を持っていた。

ジョゼフィーヌ、イタリア到着

そしてようやくジョゼフィーヌはパリを六月二七日に発ち、イタリアに赴く。七月九日にミラノに到着した。七月一三日には一緒にいられたが、一四日にはナポレオンはミラノを発つ。

軍事作戦でマルミロロに行くが、そこからも手紙はひっきりなしに届く。七月一七日付の手紙には、

「君と別れて以来、私は常に寂しかった。私の幸せとは君のそばにいることだ。君の抱擁、涙、かわいい嫉妬を絶えず思い出している。類《たぐい》なきジョゼフィーヌの魅力は、絶えず私の心と官能の中に激しい炎をかきたてる。いつ、懸念や任務から解放され、もてる時間のすべてを君のそばで過ごせるようになるのだろうか。君を愛するだけでいいようになるのだろうか。そしてそれを君に告げ、証する喜びだけを考えられるようになるのだろうか？（後略）。」

とイタリアまで来てくれた最愛の妻のそばにいられないやるせない気持ちが述べられている。翌一八日には激しい戦闘も行われる。

一方、妻はミラノ近郊の居城モンベッロ城での疑似宮廷生活を楽しんでいる。イタリア遠征軍総司令官、つまりは現地における最高権力者の妻を、社交界はまるで王妃のように扱う。そばには愛犬フォルチュネ、それに愛人イポリット・シャルルが付いている。イポリットは軽騎中尉で、パリからつれてきた。

愛人イポリット、愛犬フォルチュネ

ここでイポリットと愛犬フォルチュネについて少し述べておこう。イポリットは一七九六年四月、内務省の軍に所属している時、ジョゼフィーヌに紹介された（当時ジョゼフィーヌは三三歳、イポリットは二四歳）。正式な名前はルイ=イポリット・シャルルである。一七七二年にロマ

ンに生まれている。ジョゼフィーヌがイタリア遠征中の夫のもとへ行く時同行し、ボナパルト家から嫁の愛人として毛嫌いされた。イタリア遠征中のみならず、ナポレオンがエジプト遠征中にも、パリ郊外の私邸マルメゾンで、ジョゼフィーヌとの情事は公然化し、遠征中のナポレオンの知るところともなった。そのためジョゼフィーヌはイポリットとの交際を断たざるを得なかったが、一七九八年三月一七日には、「彼らは私やあなたを嫌っています、優しいあなたを。あなたは私の真の恋人です。あなたに会えなくなったら、私の人生は空っぽになります。そうしたら、自殺してしまいましょう。」と熱烈なラヴレターを寄せているのだ。バラスは遠征で不在のナポレオンを棄て、イポリットとの結婚を勧めていたという。いずれにせよ、ナポレオンを棄ててまで貫く恋ではなく、一七九八年、ナポレオンの帰国とともに終わりとなった。その後イポリットは軍を離れ、武器商人となり、一八三七年に死亡する。

愛犬フォルチュネはジョゼフィーヌとの同衾を許された点で、ナポレオンのライバルであった。作家でイタリア遠征中のナポレオンの知遇を得たアルノーの語ったところによると、この犬は、ジョゼフィーヌが恐怖政治時、牢に捕らわれていた時、外部にいる子どもの家庭教師との連絡役として使われたという。それ以来、ジョゼフィーヌは身近においてかわいがった。ナポレオンがジョゼフィーヌと結婚したその新婚の夜でさえ、フォルチュネとベッドを共有することを強いられた。それがいやなら、別の部屋で寝てと新妻に宣言されたのだ。やたらと吠え、人にかみつくこの犬は、最終的にはコックの飼う犬に殺されたという。

再会は波乱含み

ナポレオンとジョゼフィーヌは七月二七日にイタリア北部のブレシアで合流する。しかし二九日、オーストリア軍の待ち伏せにあい、ジョゼフィーヌ自身、ほとんど捕虜になるところだった。ジョゼフィーヌはこれらの戦闘に恐怖心を覚える。おびただしい数の負傷兵、血でぬられた戦場を見て、戦いの無残さを体験する。ジョゼフィーヌには前線は耐えられない。のちにエジプトへの遠征に同行しないいい理由ができたわけだ。

あまりにつれないジョゼフィーヌに、少しずつ深いところで失望が生まれてきたのだろうか。ナポレオンの書く手紙にも変化が生じてきた。一七九六年九月一七日の手紙では、

「私は君に手紙を頻繁に書いた。そして君はほとんど書かなかった。君は意地悪な女で、醜い女で、軽薄な女だ。そのことは、かわいそうな夫、優しい夫をだますことだ。夫は遠くにいて、仕事や疲労、苦痛に耐えているのに、彼の権利を奪うべきだろうか。彼のジョゼフィーヌなしで、彼女が愛してくれているという確信を持てなくて、彼に地球上で何が残っているというのだろう。（後略）」

賛美一方から脱却して、初めて意地悪とか醜いといった否定的な表現が入っている。

ミラノから一〇月一七日に送った手紙には、

「（前略）君の手紙は冷淡で、まるで五〇歳の女性が書いたようだ。一五年も結婚生活を送ったあとのようで、友情も感じられず、まるで冬のように冷たい感情が見える。（後略）」

と書くが、最後は一〇〇〇回のキスで終わっている。

一一月二一日北イタリアのヴェローナから送った手紙では、

「(前略)君はちっとも私に手紙を書かない。君はもうよき友のことを考えていない。残酷な女性だ。君なしでは、君の心なしでは、君の愛なしでは君の夫にとって、幸福も人生も無きに等しいことを知らないのかい? 君の着替えの場に立ち会えたらどんなに幸せなことか。小さな肩、小さな弾力のあるしっかりした色白の胸、その上にはクレオール風の、鼻をかむためのハンカチーフを持つ顔がある。私が愛撫したあの君の叢、覚えているだろう? 私はそこに一〇〇〇回の接吻をし、今、そこに触れる瞬間を待ちかねている。人生も、幸せも、喜びもすべては君次第だ。

ジョゼフィーヌの中に生きよう。それは楽土に生きること。唇に、瞳に、肩に、胸に、いたるところに、あらゆるところに接吻を送る。」

とやはり官能に満ちた手紙に戻っている。

それでもジョゼフィーヌは冷淡だ。いらいらしたナポレオンはまた否定的な手紙を書く。同じくヴェローナからミラノにいるジョゼフィーヌ宛てだ(一七九六年一一月二三日付)。

「私は君を全く愛していない。反対に君を嫌っている。君はいやしく、いかにも不器用で、とてもばかだし、シンデレラみたいに汚らしい。君は私にちっとも手紙を書かない。君は夫を愛していない。君は自分の手紙が夫を喜ばせることを知っている。それなのに、たった六行の走り書きすら書かない。

マダム、あなたは一日中、何をしておいでだね。どんな重要な用件があって、あなたのお人よしの恋人に書く時間がなくなるのですか？　あなたが彼に約束した優しく変わらない愛の心を窒息させ、無視させるのはどんな愛情なのですか？　あなたのすべての時間を束縛し、あなたの毎日を支配し、あなたの夫をかまう時間を奪ってしまう、そんな素晴らしい新しい恋人はだれですか？　ジョゼフィーヌさん、気をつけなさいよ。ある夜、私は扉を蹴破って闖入するかもしれませんよ。

実際、君の手紙がないので心配しています。四ページの手紙を早く書いておくれ。私の心を愛情と喜びで満たすことなどを書いておくれ。

近々君をわが腕に抱き、赤道直下のように熱い接吻を一〇〇万回浴びせることができるよう、願っています。」

ジョゼフィーヌもこんな手紙を受け取ったら要注意と思うのではないだろうか。ナポレオンがイポリットの存在に気がついた気配はないけれど、しかしそれから四日後、ナポレオンは燃える想いと体を持って、ミラノに駆け込んでくる。ジョゼフィーヌの体を抱き上げてすぐに抱擁を、と思っていたのに、妻はいない。どこにいるのか。イタリア北西部のジェノバにいったらしい。一一月二七日の手紙である。

「私はミラノに着き、急いで君の住まいに行った。君に会うため、私の腕の中に君を抱きしめるため、すべてを棄ててきたのだ。君はいなかった。君は祭りから祭りへといろんな都市を巡っている。君は私が到着した時、私から遠くにいた。君はもう君の大切なナポレオンのことを心配してないのだね。気まぐれで彼を愛したのか。移り気で彼に対し無関心になってしまうのか。（後略）」

戦闘に疲れて、少しだけでも安らぎを得ようと駆け付けたのに、そんな夫を心配しているどころか、祭りを追って、あちこちの都市を遊び歩いている妻、愛想が尽きてもいいはずなのだが…。翌日には、

「（前略）さようなら愛しい妻、さようならジョゼフィーヌ。運命が私の心の中に、悲しみと心労を集め、私のジョゼフィーヌには繁栄と幸せの日々を与えてくれますように。彼女以上にそれに値する人がいようか。彼女がもう彼を愛することができないと彼がわかった時、私は悲しみを心の奥底に閉じ込め、彼女のために役に立ち、何かよいことをしてやれることだけで満足しよう。

君に接吻を送るため、一度封印をした手紙を再び開けた。ああジョゼフィーヌ、ジョゼフィーヌ！」

毎回、一〇〇〇回は普通で、多い時は一〇〇万回のキスが送られている。合計するとものすごいインフレ的な数字になりそうだ。ジョゼフィーヌからのお返しの接吻は何回くらいだったのだろう。

パリへの凱旋

一七九六年三月二日、イタリア遠征軍総司令官に任命され、五月一五日、ミラノ入城を果たし、一一月一七日、アルコーラの勝利、一七九七年二月二日、マントヴァ要塞占領、二月一九日教皇とトレンティノ和約を結び、一〇月一七日、オーストリアとカンポ・フェルミオ条約を結ぶ。輝かしい戦果をあげて、ナポレオンは出征から一年八ヶ月後の一七九七年一二月五日、パリに凱旋する。ジョゼフィーヌは一七九八年一月二日にパリに戻る。

この一か月の遅れにはジョゼフィーヌらしい事情がある。リヨンで公式行事を終えたあと、イポリットと会い、パリまでの行路を共にしていたのだ。どこまでも夫を裏切り続けるジョゼフィーヌである。別行動の理由をどのようにつけたのか、資料はない。

この勝利を祝って、パリ市はナポレオンの住むシャントレーヌ通りをヴィクトワール（勝利）通りと命名する（現在もこの名称の通りが残っている）。

現在のヴィクトワール通りを歩いてみる。九区の有名デパート、ギャルリー・ラファイエットの裏側にあたる。あまり広い通りではなく、オフィス街になっているようだ。奇数の番地は一からあるが、偶数は六からスタートしている。最後は九八番地bisまである。六〇番地の建物は現在商工銀行（Crédit Industriel et Commercial）が入っている。脇にパリ市の歴史遺跡説明板がある。説明文には、ここにジョゼフィーヌとナポレオンが住んだことが書いてある。

このヴィクトワール通りはナポレオン通りとした方がいいのではないだろうか。ナポレオンとジョゼフィーヌは六〇番地（当時の住所表記には六番地となっている）に住んでいたが、のち、ナポレオンは最初の婚外子シャルル・レオンの母エレオノールを二九番地に住まわせ、四八番地をマリー・ヴァレフスカの子アレクサンドルに買い与えている。

不妊に悩むジョゼフィーヌ

一七九六年七月にミラノ入りして約一年半を共に過ごしたのに、ジョゼフィーヌにはおめでたの兆候がない。ナポレオンの母レティツィアは不満だ。それにしても先の妊娠したという偽情報をどのようにごまかしたのだろう。三三歳から三五歳まで、すべての時間を共有したわけではないが、相当の日数を共に過ごしたはずなのに、なぜジョゼフィーヌはナポレオンの子どもを宿すことがなかったのだろうか。またイポリットや束の間の愛人もいたというが、彼らの子を身ごもることはなかったのだろうか。愛人たちとの性交渉では注意を怠らなかっただろうが、ナポレオンとの間では妊娠を避けていたとは思えない。

ジョゼフィーヌの年齢のせいなのだろうか。ナポレオンは不妊症ではないが、生涯に得た子の数（はっきりしているだけで三人）を見ても子宝面で精力家ではなかったようだ。

ジョゼフィーヌの述懐（2）――イタリア遠征時代

結婚して二日目には出発したでしょう。ナポレオンはもう未練で仕方ないの。着任したらすぐにミラノに来るようにっていうのよ。妊娠したなんて、ちょっと微妙な口実にしたけど、これはまずかったわ。「体調が悪い」の方が口実として無難だったわね。でも本気にして、やたら心配しすぎるのですもの。来たくないんだな、と察してくれればいいのにね。

ジュノーでしょう、ミュラでしょう。やたら部下をよこすの。伝言だけではないの。同行させるつもりなのね。部下ならどうにでもあしらえるけど、ジョゼフお義兄様がいらっしゃると、そう無視はできないでしょう。しぶしぶよ。侍女や御者を連れてきてもいい、とは手紙にあったけど、愛人まで連れてきてよしはなかったわね。彼の嫌いな犬のフォルチュネもね。でも私は行ってあげるのだから、私のやりたいようにやるわ。だから愛人のイポリットも同行させたの。ナポレオン、私しか見ていないから、イポリットがどういう存在かって気がつかないのよね。

イポリットがどうしていいか、そうね、若いツバメなんていうと古い表現だけど、ホストクラブのホストみたいかしらね。ナポレオンも年下だけど、支配的だし、わが意を通そうとするの。イポリットは私の思い通りになるのね。優しいし、私の意図するところをすぐに汲み取ってくれるの。

ナポレオンは本当に変わった人だわ。普通だったら、妻の愛人なんて、なんてことないと認めるか、黙認してもいいのに、彼は一〇〇%、私を自分のものにしたかったから、二人の間に他人が存在するのをいやがったのね。

モンベッロ城での生活、まるで王妃みたいでしたわ。マリー・アントワネット様の宮廷に伺候したことはないけど、宮廷ってこんなものかしらと思ったの。地元の貴族や有力者の方たちが、そろってご機嫌うかがいに見えるのよ。夫がいる時ばかりでなく、私だけの時もね。いろんな献上品もあるし、ごあいさつを受けるというのはいい気分ね。

3　エジプト遠征

次なるステップへ

パリに戻って、ナポレオンはシャントレーヌ通り、名前が変わってヴィクトワール通りの家に住み続ける。この家はもともとジョゼフィーヌが借家で住んでいたものを凱旋後ナポレオンが買い取ったのだ。イタリアで大きな勝利を得、多大な賠償金や名画、彫刻などの芸術品をフランスに贈ったナポレオンは英雄だ。

次なる標的は海をはさんだイギリスだが、その勢力はフランスより強大なため、直接攻撃はできない。彼は提言する。

「いかに努力しようとも、ここ数年以内に、われわれが海上における優位を達成することはできないでありましょう。イギリス侵攻作戦の遂行は、これまで行ったどの作戦にも比肩しえないほどの大胆さと困難さを必要とするものであります。たとえこの作戦の遂行が可能であるとしても、それは海峡を奇襲する形で横断することになり…このためには夜が長くなければならず…冬の訪れを待つ必要があります…。」（ルートヴィヒ『ナポレオン』）

その一方でイギリスが影響力を行使するエジプトを狙っている。エジプトを制すれば地中海はフランスのもの、イギリスの艦隊が自由に往行するのをまず遮断することだ。この提案は受け入れられた。ナポレオンは東方軍指揮官に任じられる。

在パリの五か月の間、ナポレオンとジョゼフィーヌは仲睦まじく暮らしたのだろうか。ジョゼフィーヌは元の愛人バラスとよりを戻す。そして一七九八年五月、ナポレオンはエジプト遠征に出かける。ジョゼフィーヌは南仏トゥーロンまで見送りには行っている。エジプトへ同行しなかったのは、それを嫌ったジョゼフィーヌが突然倒れ、ひどく打撲し、同行できなくなったからといわれている。ナポレオンは仮病を疑ったが、同行を強いることはなかったようだ。

ナポレオン、エジプト遠征出発

一七九八年五月一九日、フランス艦隊はトゥーロンからエジプト遠征に出航。マルタ島に二日間寄港し、七月一日に地中海沿岸の港湾都市アレクサンドリアに到着する。七月二日に出された布告は有名だ。

国民学士院会員、総司令官ボナパルトの布告
「エジプトの諸民族よ、人あるいは諸君にいうであろう、私は諸君の宗教を破壊しに来たと。その言葉を信じてはいけない。それに対しては答えるがよい、ナポレオンが来たのは諸君のもろもろの権利を取り戻してやるためであり、簒奪者たちを罰するためであって、ナポレオンはマムルーク以上に、神と、その予言者と、コーランとを尊敬する者である、と。
彼らにいうがよい、すべての人間は神の前において平等である、と。ただ知恵と、才能と、徳のみが、人間の間に差をつけるものである。ところで、いかなる知恵、いかなる才能、いかなる徳を有すればとて、マムルークは特権を与えられていて、生活を愛すべく楽しいものにする

一切の物を独占しているのであるか？
よい土地があるとしよう。それはマムルークのものである。美人の奴隷、立派な馬、きれいな家があるとしよう。それもマムルークのものである。もしエジプトが彼らの小作地であるならば、彼らは神が彼らに与え給うた賃貸借契約書を見せんことを。しかし神は正しく、民衆に対して慈悲深くましょます。エジプトの民衆は呼ばれてすべての職務を管理運営するであろう。もっとも賢明な人々、もっとも有徳な人々が統治するであろう、そして民衆は幸福になるであろう。」（オブリ編、大塚幸男訳『ナポレオン言行録』）
（注・マムルークは一〇世紀頃からイスラム世界に組織された主にトルコ系白人奴隷兵から成る軍隊。）

本当にそんなに高邁な思想でエジプトに来たのだろうか。自由・平等・博愛の革命精神をエジプトの民が享受できるようにと願っていたのだろうか。余計なお世話といわれるのがおちではないだろうか。同行した天文学者、幾何学者、鉱物学者、科学者、考古学者、橋梁・建築技師、東洋学者、経済学者、画家、詩人といった総勢一六七名の学識者の力で、以降、エジプト学が大きく発展したのは事実だ。しかし、それは西欧にとっての発展であり、エジプトにとっては簒奪だったのかもしれない。ナポレオンは自らをアレクサンダー大王やシーザーと肩を並べて、オリエントに足跡を残したかったのだ。
七月二一日にはピラミッドの戦勝があって、華々しいスタートを切ったのだが、八月一～二日にアブキールの海戦があり、フランス艦隊はネルソン指揮するイギリス艦隊に大敗する。

ジョゼフィーヌの浮気発覚

ナポレオンのエジプト滞在中、不思議とジョゼフィーヌとの交信がない。すべての資料に言及がないのだ。一日でも手紙がこないとうるさく責めていたナポレオン、彼自身の手紙も資料に現れない。イギリス艦隊が海上封鎖していたため、本国との交信ができなかったという事実もある。唯一出てくるのは、ジョゼフィーヌの目に余るイポリットとの浮気を告げてきた本国からの通信に対する、ナポレオンの激しい怒りである。

「君には思いやりというものがない！　女って奴は！…　ジョゼフィーヌ！…　君に思いやりがあるなら、今ジュノーから聞いたことをもっと早く知らせてくれていただろうに！　ジュノーこそ真の友だ！…　ジョゼフィーヌ！…　ジョゼフィーヌ！　俺は六〇〇リューの彼方にいる、君は知らせてくれるべきだった！　ジョゼフィーヌ、…こんなふうに俺を裏切るなんて…、彼女は！…　ああ！　奴らに不幸を！…　ああいう気障な連中は絶滅させてやる！…　彼女は、離婚！…　そうとも、離婚だ！…　それも公衆の面前で派手に別れてやる！…　手紙を書く必要がある…俺は何もかも知っている…。これは君の不手際だ…、俺に知らせるべきだった！…」（ルートヴィヒ『ナポレオン』）

この顛末は次のようなものである。イタリアから帰ったあと、いったんは切れたイポリットとの間に、焼けぼっくいに火がつくというわけで、浮気が再開された。特にナポレオンがエジプト遠征中は、半ば公然とイポリットが出入りしていたので、顰蹙《ひんしゅく》をかってしまったのだ。日付ははっきりしないが、おそらくは一七九九年になってのことだろう。ジョゼフィーヌがマルメゾンを購入したのは一七九九年のことだが、この館にイポリットが出入りしていたという事実があるからだ。「離婚」という言葉とその意思が初めてナポレオンに生まれた。

この怒りはなんらかの形でジョゼフィーヌに伝えられた。いつもとは違うナポレオンの態度に、さすがのジョゼフィーヌもイポリットと完全に別れる決心をする。

ナポレオンも浮気

しかし、ナポレオンも貞節を守ったわけではない。一七九八年一二月一九日（日付まではっきりしているとは!!）、ポーリーヌ・フーレスという女性と関係を持っている。若さみなぎるこの女が子どもを産んだら、ジョゼフィーヌと別れ、この女と結婚しようと思ったこともある（この女性については第5章で後記）。

エジプト遠征は順調ではない。アブキール湾での敗戦により、フランス本土からの補給は得られず、灼熱の気候、梅毒やマラリアなど、風土病との戦い、ペストの流行、軍団は日に日に疲弊していく。本国政治の情勢も不安定だ。ナポレオンの戦果であったイタリアも最近の敗戦で全面的に失われた。自分がいなければフランス本国も危ない！　ナポレオンはエジプト脱出を決心する。最後に幸運で得たアブキール湾上陸のトルコ軍撃退を手土産とする。往路は四〇〇隻の大船団だったのが、復路はたった二隻のフリゲート艦のみとなり、一七九九年八月二三日明かりを消したまま、こっそりとイギリスの包囲のすきを抜けていく。コルシカに寄港し、一〇月九日南仏のフレジュスに上陸する。

残ったフランス軍の運命はというと、その後二年間に渡ってトルコ=イギリス連合軍と不毛の戦いを続けたのち、一八〇一年に降伏してエジプトを引き払うことになる。後任の司令官を押しつけられたクレベール将軍はカイロで暗殺される。三万五千の将兵のうち、フランスに帰国できたものは一万に満たなかったとか（鹿島茂『ナポレオン、フーシェ、タレーラン』）。ナポレオン最初の戦線放棄である。

パリに凱旋

華々しい戦果をあげたわけでもないが、ナポレオンは凱旋将軍として迎えられる。エックス、リヨンと北上し一〇月一六日にパリに戻った。ここにまたジョゼフィーヌとの有名な事件が起こる。ジョゼフィーヌはナポレオンのフランス上陸のニュースを聞いた時は、有力政治家の一人であるゴイエと会食中であった。ナポレオンとの関係修復を望んで、ジョゼフィーヌは途中まで出迎えに行くことにする。ところが、ルートを間違え、ナポレオンとはすれ違いになる。行けども行けども、将軍の行列に出会わない。あせるジョゼフィーヌ。あきらめて踵を返したものの、ナポレオンのパリ帰着から三日後に戻ったのである。この不在の三日間に、ボナパルト家の兄弟姉妹たちは、ジョゼフィーヌの行状を告げ口したのである。

ナポレオンはヴィクトワール通りの自宅に入ったが、家は無人であった。一年五ヶ月の不在、その間手紙で密に交信することもできず、お互いの気持ちを確認する手段がなかった。一度は離婚しようと思ったこともあったが、やはり待っていて欲しいと思うジョゼフィーヌが途中まで迎えに行った事実より、不在の事実を重く受け止める。ジョゼフィーヌの衣類や装飾具一切合財を門番小屋に運び、ナポレオンは部屋の扉に鍵をかける。

慌てて戻ったジョゼフィーヌは、入り口も封鎖された家にどうにか入って、ドアをたたき、ナポレオンに嘆願する。今回のナポレオンはなかなか意志が固いようだ。ジョゼフィーヌはよよと泣き崩れたり、哀れな声を出したり、愛の言葉をささやいたり、いろいろ試みるが通用しない。とうとう子どもたちを使う。ウージェーヌとオルタンスだ。子どもといっても、一八歳のウージェーヌはエジプトにも随行していたし、オルタンスにしても一六歳の乙女である。ナポレオンはジョゼフィーヌへの愛情とは別に、この二人をとてもかわいがっていた。子どもたちの嘆願にナポレオンも折れた。ドアは開かれた。それからはジョゼフィーヌの腕の見せ所である。さすがジョゼフィーヌ！　翌日にはナポレオンの留守中に作った二〇〇万フランの借金の話をし、ナポレオンは黙ってそれを支払ったという。

ジョゼフィーヌの述懐（3）——エジプト遠征時代

トゥーロンで見送ったあと、しめしめと思ったのよ。イタリアでの戦闘を見て、流血の現場には行きたくなかったし、エジプトの気候もきついようだし、行きたくないと思っていたから、仮病が通った時、ほっとしたわ。

パリに戻って、それは楽しい生活が待っていたわ。バラスやそのほかの要人とのお付き合いにしても、今度は東方軍指揮官の妻でしょう。扱いが違うのね。それにイポリットとも再会して、よりを戻したしね（軍隊を罷免されたあと、ジョゼフィーヌの口利きで軍需商人のところで働き始めたイポリットは、金回りもよくなり、当時流行していた舞踏学校で、ジョゼフィーヌと再会する）。

イギリスの艦隊が海上を封鎖してしまって、エジプトとの通信があまりうまくいかなかったらしいの。だから手紙もこないし、とっても自由だったわ。

マルメゾンを買ったことは、大成功だったわ。パリからほんの少し離れただけで、別天地になるの。私もプティ・トリアノンの田舎家を好んだマリー・アントワネットに似ているのかしら。ただ彼女は国民の税金だったけど、私はナポレオンの俸給から買ったでしょう。自分のものにできてよかったわ。庭作りは本当に楽しかったのよ。ナポレオンも結局、とても気に入って、帰国後代金も全部払ってくれたわ。

4 皇后ジョゼフィーヌの盛衰

皇帝への階段

一七九九年一一月九日〜一〇日、ブリュメール（霧月）一八日の無血クーデタにより、執政政府が成立する。一二月二四日には常勝将軍として名高いナポレオンは第一執政に就任する。国の第一人者になったのだ。

一八〇二年八月二日、終身第一執政になり、一八〇四年五月の「フランス国民の皇帝」として選出されるにいたるのである。夫ナポレオンは速足で出世階段を昇っていく。妻ジョゼフィーヌはどうしているのだろう。

執政政府が成立して、ナポレオン夫妻はヴィクトワール通りの私邸から、公邸として与えられたチュイルリー宮殿に移る。ナポレオンはルイ一六世の居室、ジョゼフィーヌはマリー・アントワネットの居室に住むことになる。ルイ・カペーとその妻（ルイ一六世とマリー・アントワネットを革命後こう呼んだ）は、一七八九年七月一四日のバスティーユ襲撃に端を発した大革命後、ヴェルサイユ宮殿からチュイルリー宮殿へと民衆の圧力で移り住んでいた。そして一家そろって国外逃亡をはかり、ヴァレンヌでみつかってしまう。その時国王一家を迎えにいったのは、ジョゼフィーヌの前夫ボーアルネ子爵であった。

ジョゼフィーヌにとって、マリー・アントワネットの居室は居心地のいいものではなかった。亡霊が出るような気持ちになった。皇帝になってからは宮廷の作法も取り入れられ、一層堅苦しいものになった。

マルメゾン城

そんな時にマルメゾンはよい気分転換になった。マルメゾン城（口絵参照）は一七九九年四月二一日、ジョゼフィーヌにより二二万五〇〇〇フランで購入されたという（『ナポレオン事典』によれば、三二万五〇〇〇フランとなっている）。パリ郊外西北西に位置し、セーヌ河畔にある。ナポレオンはエジプト遠征中であったが、帰国後、この購入を承諾した。

広大な庭園を持つこの城をナポレオンも好み、第一執政時代にはここで重要な決定を下し、社交の場としても重用した。ジョゼフィーヌは、万事に制約の多いパリでの生活より、開放的なマルメゾンでの生活を好んだ。城の改装は、建築家のペルシエとフォンテーヌに委ねられた。ジョゼフィーヌは、城と共に庭園の設計にも力を注ぎ、一八〇〇年には造園家ティボーによる大温室を完成させた。

マルメゾン城に対するジョゼフィーヌの思い入れをナポレオンはよく理解していた。一八〇二年（日付不明）の手紙は、ヴォージュ地方の温泉地プロンビエールに滞在中のジョゼフィーヌに宛てたものだが、ロンドンからいくつか植物を送らせたと書いている。ロンドンにあるキュー・ガーデンを模して、大がかりな庭園を意図していたようだ。そのほか、温室内には、ジョゼフィーヌの故郷マルティニークから取り寄せた熱帯性の植物もあった。

そのあとも、「（前略）マルメゾンを君が望むようにできるように命じてある（後略）」（一八〇七年四月二四日付手紙）、「君の一二日付の手紙を受け取った。その中で、君の健康は上々で、マルメゾンへ行くという大きな楽しみを持っていることを知った（後略）」（同年四月二四日午後七時）、「わが友よ、君の二三日付の手紙を受け取った。君が元気で、またマルメゾンをとても気に入っているようでうれしく思う（後略）」（同年五月二日）、「君の一二月三日付の手紙を受け取った。君は植物園にとても満足しているようだね」（同年一二月一一日付手紙）としばしば言及し、マルメゾンへのジョゼフィーヌの愛着に理解を示している。

ジョゼフィーヌはのちに、マルメゾン宮殿に隣接したプレオの森や小マルメゾンを買い足して、植物園、庭園としての完成度を高めていく。

ジョゼフィーヌは離婚後、マルメゾンを主たる居住地とした。ナポレオンはワーテルローの戦いに敗れたのち、マルメゾンに退却、セント・ヘレナ島へ流されるまでの日を過ごし、「華やかなりし時代」を回顧したという。ナポレオンとジョゼフィーヌの愛の歴史のみならず、フランスの歴史をも刻んだ城である。

温泉湯治は当時の流行

一八〇三年には手紙の日付から見ると、六月一九日から七月一日までプロンビエールに、また一八〇四年八月には三日、六日、一四日とエックス・ラ・シャペルに温泉治療に出かけたジョゼフィーヌへ手紙を書いている。一八〇四年の手紙は五月一八日に国民投票により皇帝に選出されたこともあり、初めて皇后へとあり、署名はナポレオンである。それまで署名は姓のボナパルトであった。

プロンビエールはフランス東部ヴォージュ県にある温泉地で、正式にはプロンビエール・レ・バンである。「レ・バン」とは温泉を意味し、消化器系やリューマチなどに効果があるといわれている。ジョゼフィーヌや娘のオルタンスが好んで滞在した。

一八〇九年七月には、ナポレオンの長期遠征中、ジョゼフィーヌはプロンビエールに滞在している。離婚後も温泉地にはたびたび出かけている。

温泉行きの記録は、ワジェネールの『皇后ジョゼフィーヌ』によると、

一七九八年夏〜九月一六日まで　プロンビエールへ。
一八〇〇年七月　プロンビエールへ。
一八〇二年六月半ばから七月半ばまで　プロンビエールへ。
一八〇四年八月　エックス・ラ・シャペルへ。ナポレオンは九月二〜三日に合流。
　ジョゼフィーヌは一〇月七日にパリに戻る。
一八〇五年八月一日〜三〇日　プロンビエールへ。

一八〇九年六月一二日～八月一八日　オルタンス、ステファニー（ナポレオンの養女）と共に
　プロンビエールへ。
一八一〇年六月一八日～八月二五日　エクサン・サヴォワへ。
ジョゼフィーヌが好んだ温泉は、プロンビエール以外に、エクサン・サヴォワ、エックス・ラ・シャペル、スパ、グレウー、サン・タルマン・レ・ゾー、ピレネー山中のバレージュなどである。

ナポレオン皇帝誕生

ナポレオンは、政治的動乱の中を生き延び、出世の階段を登っていく。議会の非効率さ、議員たちの腐敗などにより、国民の心は共和制を倦み、絶対的権力を握る存在を求めていく。常勝将軍と思われているナポレオンはそれに適役だ。

一八〇四年四月三〇日には元老院で「ナポレオン・ボナパルト皇帝、その後継者は彼の家族の中から選ばれる」との決定がある。五月一八日には国民投票の結果が発表され、「共和国政府は『フランス国民の皇帝』の称号を持つ皇帝にゆだねられる。現共和国第一執政たるナポレオン・ボナパルトがフランス国民の皇帝となる」。そして「皇帝の位は、ナポレオン直系の後裔、あるいはその養男子、ナポレオンの兄弟の子もしくは孫により継承される」ことになる。

ナポレオンは三五歳だが、ジョゼフィーヌはすでに四一歳、当時としてはもう妊娠、出産は無理だろう。とすれば、だれが継いでいくのか。ボナパルト家にはナポレオンを除いても四人

の男児がいる。兄のジョゼフ、次弟ルシアン、四男のルイ、そして末弟のジェロームだ。しかしナポレオンは兄弟にその後継者を求めようとは思っていない。ボナパルト皇朝の創始者は父シャルルではなくナポレオンなのだ。

ナポレオン法典において、養子縁組を認めている。自分の後継者のことを考えての深謀遠慮なのだ。彼は四男のルイとジョゼフィーヌの娘オルタンスを一八〇二年に結婚させた。ルイの側ではナポレオン、オルタンスの側はジョゼフィーヌ、それぞれの思惑の絡んだ政略結婚である。結婚式は一八〇二年一月であった。そしてその年の一〇月一一日にパリで長男ナポレオン＝シャルルが誕生している。ボナパルト家男系の長子になるこの子の誕生をナポレオンもジョゼフィーヌも大変喜び、大いにかわいがったという。この子を後継者にと考えるところがあったようだ。一八〇四年一二月一八日には次男のナポレオン＝ルイが誕生したが、一八〇四年皇帝位に就くのに先立ち、四月七日にはナポレオンとジョゼフィーヌはそろってオルタンスのもとを訪れ、この長男を養子にして後継者とする意志を伝えている。皇帝となったあとの布石をうっているのだ（次男の誕生は、戴冠式のあとであり、皇統譜に記された最初の子である。洗礼は戴冠式のために来駕した法王によって行われ、王太子の扱いであったという）。

このことはルイの嫉妬心をかきたて、自分の長男がナポレオンの養子になることを拒否している。この長男は、一八〇七年五月五日、オランダのハーグにおいて五歳で亡くなった。ナポレオンはこの甥の死亡で、彼自身の子どもを持つべきであるという考えをもつにいたったといわれる。

養子縁組を認めたナポレオンは、実際、ジョゼフィーヌの二人の子ども、ウージェーヌとオルタンスを一八〇六年一月一二日に養子としている。またボーアルネ家のステファニーを養女にして、うわさの種となってもいる。

虚しい不妊治療

皇后となったジョゼフィーヌだが、この後継者の問題では頭を悩ませ、心を痛めたに違いない。二人の間に子どもが生まれなかったのは、どちらに原因があるのか。結婚して約一〇年、ジョゼフィーヌはその間、何らかの不妊治療はしたのではないだろうか。一八〇三年六月にはプロンビエールへ湯治に出かけている。一八〇三年六月二七日のナポレオンの手紙では、

「善良でかわいい妻よ、君の手紙で私は君が体調を崩していたことを知った。コルヴィザール（ナポレオンの侍医）は、それがよい兆候、つまり入浴療法が君に望んでいる効果を与えており、よい状態になってきたことだといっている。しかし君が苦しそうだと思うと、私の心は痛む。（後略）」

この治療は不妊を含む更年期障害の治療ではないかと思われる。だからこそ、ナポレオンも励ましているのではないだろうか。プロンビエールのほか、エックス・レ・バン、エックス・ラ・シャペルなど、各地の温泉地へ湯治に出かけている。結局、効果はなかったわけだが。

ナポレオンが生殖能力を証明するのは、一八〇六年一二月一三日、妹カロリーヌの読書係をしていたエレオノールが男児を産むことによってであった。さらには純愛の相手、ポーランドの人妻マリー・ヴァレフスカが一八一〇年五月四日、やはり男児を産む。これはオーストリア

皇女マリー・ルイーズとの再婚（一八一〇年四月一日）の直後のことである。

宗教的聖別の謎

皇帝に即位したナポレオンは、以前からその胸のうちにジョゼフィーヌと離婚を秘めていたというが、なぜ戴冠式前日に結婚の宗教的聖別を受けたのであろうか。

一八〇四年一二月二日の戴冠式は、ローマからわざわざピウス七世が足を運び、法皇列席のもとで行われることになっていた。王権神授のならいに従っているようだが、自分がローマに行かず、法王の来駕を懇請している。時代の流れか、法王もパリ行きを拒否しない。戴冠式にはやはり宗教色がなければならない。式次第については、綿密な打ち合わせが行われたが、その中でジョゼフィーヌは結婚が聖別されたものではないことを告白する。当然ながら法王は戴冠には宗教的結婚は必要であると説く。急拠戴冠式の前日、この結婚の秘跡はナポレオンの母方の叔父フェシュ大司教により執り行われることになった。が、ひっそりと、私室で立会人もなくである。この儀式のあと、ジョゼフィーヌは立会人がいなかったことに不安を覚え、大司教に結婚証明書の発行を願い出たという。神の前で誓った結婚には離婚が許されない。その保証をほしがったのだ。この聖別を受けたことは、のちにマリー・ルイーズとの結婚の正統性を疑わせる原因となった。

戴冠式の絵の示すもの

戴冠式の様子は、有名なダヴィッドの画が示している（口絵参照）。画面右手には枢機卿に守られた法王が座り、その前に金の月桂樹の形をした宝冠をかぶったナポレオンが決然として立っている。高くあげた手には皇后ジョゼフィーヌにかぶせるべき冠があり、ジョゼフィーヌは両手を合わせてナポレオンの前にひざまずいている。ジョゼフィーヌの裳の裾を持つのはナポレオンの妹たちだ。絵からはうかがい知れないが、妹たちはこの役を命じられ、大いに不満だった。画面の奥には国母陛下となるレティツィアが座って戴冠式の進行を見守っている。が、この部分はダヴィッドの創作だ。レティツィアは故意にイタリアからの帰国を遅らせ、戴冠式には出席していない。

驕るもの、久しからず

ナポレオンが皇帝になったことは、ジョゼフィーヌにとっては決して悪いことではなかったはずだ。皇后となり、独自のメゾン（皇后庁）を持ち、使えるお金もけた違いに大きくなった。大好きな装飾品は買いたい放題、ドレスも国家の必要経費といえる。だれもがジョゼフィーヌ風をまねる。国母陛下のみがジョゼフィーヌに膝をかがめたお辞儀をしないだけで、外国の使臣たちも、あの憎らしいナポレオンの兄弟姉妹たちすら、ジョゼフィーヌの前では頭を下げるのだ。しかし、ジョゼフィーヌの胸にはつねに重い沈殿物が溜まっている。後継ぎの問題だ。

ナポレオンは相変わらず優しくしてくれるが、その裏で、やりたい放題でもある。パリを訪問した王族の娘たち、あるいは評判の女優、そしてジョゼフィーヌの侍女たちと、手当たりしだいにベッドに誘い込んでいる。そんな一夜の相手に嫉妬の角を出しても仕方がないと思いつつ、そんな女性の一人が妊娠でもしたらと思うと、ナポレオンの訪れのない夜は眠れないジョゼフィーヌだ。予感は的中した。ナポレオンの妹のカロリーヌに読書係として仕えているエレオノールが、ナポレオンの寵を受け妊娠したのだ。口には出さねど、「子どもができないのは、あなたが原因なのよ」と半ば確信していたのが、覆されてしまった。「ほら見たことか」と妹たちの陰口も聞こえるようだ。

男児誕生

一八〇六年一二月一三日、エレオノールは出産する。それも男児であった。母親の身分が身分だけに、ジョゼフィーヌの立場を脅かすものではないけれど、ナポレオンに生殖能力のあることが証明されたからには、不妊の原因はジョゼフィーヌだといわれても反論ができない。小さな救いは、ナポレオンがこのエレオノールの妊娠がわかった時点で、関係を断ってしまったことだ。しかし、初めての自分の血を分けた子どもの誕生に、ナポレオンは興奮しきっている。この子の出産は、ヴィクトワール通り二九番地の館、ナポレオンがエレオノールに買い与えた館で行われた。ヴィクトワール通りは、前述の通り、ナポレオンとジョゼフィーヌが結婚当初、所帯を持った通りである。名前はシャルル、のちにレオン伯爵の称号を得る。ナポレオンは認知をしないが、自分の子である確信は持っている（シャルル・レオンについては第6章で後記）。

ナポレオンはうれしくて、声に出して叫びたいほどだ。「わが息子」が誕生したと。まずジョゼフィーヌにそれを告げたいが、それはできない。そこまで冷酷ではない。しかし事あるごとに「私たちに子どもができないのはあなたのせいよ」と、常勝将軍を、フランス国民の皇帝をばかにしていた彼女に、「見ろ、わが息子だ」と見せつけてやりたいものだ。

とはいえ残念ながら、嫡子ではないこの子に帝国は継承させられない。継承可能な正統性のある男児を得ることが必要だ。そうするには？　どのような方法が考えられるか。まず、その点では役に立たないジョゼフィーヌを離婚する。次に、若くて健康な、ヨーロッパ王室の娘と結婚する。そしてだれからも非難される余地のない、正統な男児の誕生を見る。こんなシナリオがナポレオンの頭の中で書かれていく。

それかといってジョゼフィーヌへの愛情が消え去ったわけではない。二人してマルメゾンの庭を散策する時、一〇数年の結婚生活を共にした夫婦のしっとりした雰囲気が何にも代えがたい貴重なものに感じられる。ジョゼフィーヌが喜ぶようにと、海軍の艦船が故郷のマルティニーク島から運んだ植物の花が、咲いた、咲かないと二人で眺める、その時のジョゼフィーヌの横顔がなんとも愛しい。

「彼女と別れるということは、家庭の魅力をすべてあきらめることだ。結婚し直すとなれば、若い妻の好みや習慣をまず学ばなければならない。皇后は余のすべてを受け入れ、完璧に理解してくれている。これほど尽くしてくれた女を袖にしたら、余は忘恩の徒になってしまう」と離婚を迫るタレーランに離婚しない理由を説明している（ルートヴィヒ『ナポレオン』）。

また戴冠式で、ジョゼフィーヌも戴冠することについて、「もし私が玉座に登る代わりに牢獄に入れられることになったとしたら、彼女は私の不幸を分かち持ったことだろう。彼女が私の偉大さにあずかるのは正しい」といったという（安達正勝『物語フランス革命』）。これにはちょっと眉つばの感がある。ジョゼフィーヌのこれまでの行状を考えると、ナポレオンが逆境に陥った時、黙って支援を続けるだろうか。大いに疑問である。

皇帝夫妻の日常

新人皇帝夫妻の生活はどんなものだったろうか。宮廷は復活し、ナポレオン皇帝により貴族の位を賜った新貴族、またブルボン王朝時代からの貴族でナポレオンに仕える旧貴族、その両者が侍る。皇后庁だけで一〇〇人以上の侍者を数える。どの宮殿（チュイルリー、サン・クルー、ランブイエ、フォンテーヌブロー）にいようと、生活そのものはあまり変わらない。遅くとも九時起床、毎朝の入浴を含む洗面・化粧は入念に施される。ヘアー・セットは腕達者な美容師が担当する。ドレスとアクセサリーが注意深く選ばれ、身にまとう。身支度完成まで、最低二時間はかかる。

次いで、ご用達商人たちが参上し、布地、レース、ショール、ちょっとした小間物、さまざまな美しい装飾品などジョゼフィーヌの気に入りそうなものを広げる。「きれいね、ちょっと試してみたいわ」「皇后陛下、どうぞお試しください」と残していけば、だいたいがお買い上げになる。こういった浪費ぶりは皇帝の怒りを招くが、結局は支払ってくれる。皇后の好みは流行となって、フランス国内のみならず、ヨーロッパ各国に波及する。

一八〇九年に作成された最後の衣装リストによると、ジョゼフィーヌは、レース製品三七九点、宮廷服四九着、ドレス、チュニック（長上着）など六七六着、夏服二〇二着、カシミアショール六〇枚、靴七八五足（ほとんどは布製）を持っていたという（『皇后ジョゼフィーヌ』）。

昼食は一一時だが、夫婦別々に食べる。ナポレオンは短時間で済ませ、あとは仕事、仕事が彼のやり方だからだ。午後はビリヤードで遊んだり、ハープを奏でたり、タピスリーの刺繍をしたり、趣味の時間にするか、客を迎えたり、謁見を受けたりする時間でもある。ここでもジヨゼフィーヌは社交上手な特性を発揮する。

ナポレオンの仕事に余裕があると、ブーローニュの森の散歩、マルリー、サン・ジェルマンあるいはヴェルサイユまで足を伸ばして狩りを楽しむ。夕食は六時が原則で、ジョゼフィーヌはそのために着替えをする。夕食はナポレオンと一緒である。着替えに時間がかかり、ナポレオンはしばしば待たされる。

日曜日の昼は「家族の食事会」にあてられる。しかし、ナポレオンの兄弟姉妹、それにジョゼフィーヌの息子、娘も、それぞれにヨーロッパ各国の国王・王妃、大公・大公妃となっているため、パリに残っているものは少ない。

舞踏会やオペラや演劇鑑賞がない時は、トランプのホイスト（ブリッジの原型とされる）や、トリックトラック（西洋双六）、ロトなどで遊ぶ。またナポレオンはジョゼフィーヌが本を読んでくれるのが大好きだ。ジョゼフィーヌは辛抱強く、ナポレオンがいいというまで本を読む。そのような催しが深夜までかかっても、ジョゼフィーヌは朝同様、ていねいな夜の身支度はかかさない。

ジョゼフィーヌの述懐（4）――皇后となって

マルティニーク島出身の私がフランスの皇后になったのよ。信じられる？　王族の娘ならともかく、貴族とはいえ農園主の娘が皇后になるなんて。それもこれもナポレオンが皇帝になったからだけど。

エジプトから帰ってきて、ナポレオンはブリュメールのクーデタなどの激動の時期を過ごしたのよ。失脚して追放の憂き目にあうかも、と思ったこともあったの。仲直りした私は、初めて内助の功で彼を助けたわ。いろんな人が出入りして、だれが味方で、だれが敵なのか、魂胆があるのかないのか…ナポレオンはあまり人の表裏を見極められないから、その分を私が手伝ったの。

その功あってとは言い切れないけど、第一執政から、終身執政になって、そしてついには皇帝でしょう。私にしてみればあれよあれよだったわ。

でも世襲制の皇帝に選ばれた時、これはまずいことになったと思ったの。それまでに、一八〇二年一月に娘のオルタンスと、ナポレオンの弟のルイを結婚させたでしょう。そしてすぐに子どもを授かって、一〇月に初孫のナポレオン＝シャルルが生まれたの。それはかわいくて、ナポレオンも溺愛していたから、ゆくゆくはこの子を私たちの養子にして、という心づもりをしていたの。いい考えでしょう？　ナポレオンにとっては甥、私には孫で血のつながりも濃いから、誰もが納得できると思ったの。でも世襲の皇帝ともなるとね、彼が実子をほしがっていることはわかっていたから、「離婚」という言葉が浮かんできたわ。彼は兄弟姉妹が合計八人という大家族の育ちでしょう、結婚すれば子どもが生まれるというのは当たり前と思っていたの。ところが私との間には生まれなかった。私にはすでに二人の子どもがいるから、原因はナポレオンに違いないと思っていたの。彼は自分に自信があるから、自分が不妊の原因説には半信半疑だったけど。でもエジプトで若い女を相手に浮気しても子どもはできなかったでしょう。そのほかの浮気でも子どもができないから、ほとんどそうだと信じざるを得なかったの。

一八〇四年一二月の戴冠式の前日に、私たちの結婚を宗教的に聖別していただきました。フェシュ大司教様が司ってくださいました。これで「離婚」の可能性は消えたと思ったの。カトリックでは「死が二人を分かつまで」別れはないのだし、ナポレオンもそれを承知で結婚の秘跡を受けたのだと思ったのよ。それに戴冠式で、彼自身だけではなく、私も法王様の前で戴冠したわけだから、これで盤石、安泰だと思ったの。戴冠式のこと、ご存知でしょう。彼の妹たちが私のガウンの裾を持つのをいやがって、でもナポレオンの命令でいやいやながらもしたのよ。お義母様はイタリアから戻ってみえないし、全員に祝福されたものではなかったわね。

それより以前からだけど、「離婚」を言い出されることのないよう、つねに努力は怠らなかったわ。子どもが生まれないことはどうしようもないけど、そのほかでは、もう浮気はしなかったし、執政夫人として、また皇后として、後ろ指をさされないよう、ちゃんとしていたのよ。エジプトから帰ってからは、ナポレオンの方が浮気を始めたわ。権力者だから、いろんな女性が近よってきたの。若くて美人が多いから、気にならないなんてことはなかったわね。でもナポレオンは浮気したあと、だいたい私のところにきて、なにか罪滅ぼしの言動があるの。だからそう重大視していなかったの。

ところが、義妹のカロリーヌの読書係が妊娠したってことがわかったでしょう。あれにはびっくりしたわ。気づくより先に、ナポレオンが別に家を買って、そこに住まわせていたから、情報はあまり入ってこなかったけれど、とうとう彼も妊娠させることができるんだとわかって、ショックだったわ。そして男の子が生まれたでしょう。もしかしたら、その子が養子になるのかしらと、覚悟もしたのだけど。カロリーヌって本当にいやな義妹だわ。

でも、認知もしないし、戸籍の父親の欄は空欄になっていたということだったから、ナポレオンもその子を日の当たる場所には出さないことがわかって、少しほっとしたの。それに読書係とは、すぐに切れていたし。そこが不思議なのよね。ナポレオンの女性関係で、長続きしたのは実はだれもいないの。読書係エレオノールが妊娠したんだったら、もう一人産ませるとか、考えると思うのだけど、それはないのよね。

そのころから、ナポレオンが遠征に出かける時も、なるべく同行しようとしたの。できる限り側にいて、ほかの女性に目を奪われないようにするとか、浮気の芽をつぶすとか、私が妻よと主張したかったの。彼に対しても、周囲に対してもね。

ポーランドのヴァレフスカ伯爵夫人の出現は予想外だったわ。この遠征では、私はマインツで待機して、ポーランドまでは同行しなかったの。それが悪かったのね。ナポレオンは彼女を本気で愛したのよ。浮気ならいいの。でもそれが本気となると、私も平静ではいられないわ。この女性については、遠征先やパリにも呼び寄せたり、別格の扱いだったから、本当に要注意だったの。浮気とはタイプが違うのね。純愛と呼ぶべきかしら。ヴァレフスカ伯爵夫人は、宝石や領地、ご親族の栄達など、何もお求めにならなかったらしいの。ただポーランドの安寧だけを求めていらしたとか。ナポレオンもそんなヴァレフスカ伯爵夫人にまいったのね。

5　後継者を得るために

「離婚をするべきか、否か」、そんな思いを心に秘めたまま、ナポレオンはポーランドに向け出征する。一八〇六年一二月一九日、ワルシャワに到着。そして一八〇七年一月一日には、ポーランドの伯爵夫人マリー・ヴァレフスカを知るのである（マリー・ヴァレフスカとその子については第3章、第6章で後述）。

離婚への歩み

離婚話はジョゼフィーヌのあずかり知らぬところで進む。その前にナポレオンが帝国、あるいは皇帝という地位を必要と思ったのはいつのことだろう。「革命の申し子」と呼ばれるナポレオンだが、イタリア遠征やエジプト遠征に出ているころは、一軍人として、フランスの利益防衛だけを考えていたのだろう。しかし、高位に就き政治と直結するにつけ、共和国という政体でフランスが存続できるか、さらにフランスの威光を欧州全体に広げることができるかを考えるようになった。政争に明け暮れる現実に、王国あるいは帝国のシステムを採用した方がいいのではないかと考えるに至った。そうなると、軍人としての合理的な考えと共に、コルシカ人としてのネポティスム、血族重用の習慣が頭をもたげてくる。

王ではなく、皇帝を選んだのは「国王という名は陳腐で、古臭い概念が付きまとっている。国王という称号では、彼らの後継とみなされてしまう。私はだれの跡も継ぎたくないし、だれにも頼りたくない。皇帝という称号の方が偉大だし、どこか説明しがたく、想像力を刺激する。」(ルートヴィヒ『ナポレオン』)。

つまり、彼は革命に倒れたブルボン王家とは全く違う、彼が創設した皇統であることを強調したかったのだ。だから王朝とは全く異なるはずであった。しかし選挙制ではなく世襲制とした場合、これまでと同様に愚昧な後継者が出てくる可能性は考えなかったのだろうか。

皇統存続という大義名分はできたが、それでも離婚をためらう時もある。嫡子を得るために離婚を勧められると、「私は義を重んじる人間だ、統治以来、常に義を重んじてきた…。離婚を望まないのはこのためだ。私の利益、つまりわが体制の利益を思えば、おそらく、再婚する方が望ましいだろう。だが、すでにいったように、自分が偉くなったからという理由で、どうやって彼女を、あの善良な女を追い払うのだ…。だめだ、それはできない。私は人間の心を持った男だ、ライオンに育てられたわけじゃない。」（ルートヴィヒ『ナポレオン』）。

だから戴冠式前日にジョゼフィーヌとの結婚の聖別を受けたり、ジョゼフィーヌにも戴冠させ、正式な皇后の地位に就けるのだ。このように情にもろいところがナポレオンの美点であり、弱点なのかもしれない。

離婚手続き

葛藤はあったもののいずれにせよ、ジョゼフィーヌには最終的に二人きりで一八〇九年一一月三〇日に離婚を申し渡す。離婚宣告を受けたジョゼフィーヌは失神し、寝室へ運ばれる。その失神が演技だったのかどうか、これもエピソードの一つである。

数日後の一二月三日には、ノートルダム大聖堂でのテ・デウム（戦勝祝賀会）ミサが執り行われる。オーストリアのワグラムの戦いでの勝利とウィーン平和条約の締結を祝ってのミサだ。ライン同盟加盟国の国王たち、元帥、将軍、大臣、外国からの大使たち、舞台の役者はそろっている。当然、ジョゼフィーヌも皇后として出席した。ヴェールをかぶって顔を隠している。真っ白な肌が青ざめ、目は赤くなっているのを隠すためだ。五日にはパリの市庁舎で、大舞踏会が催され、ジョゼフィーヌも出席する。群衆の喝采を浴びながら、ジョゼフィーヌは「私は皇后ではなくなるの」と叫びたくなる。

ナポレオンはジョゼフィーヌの子どもたち、イタリア副王のウージェーヌ、そしてオランダ王妃のオルタンスに、彼らの母ジョゼフィーヌとの離婚を説明する。ナポレオンによって今の地位に引き上げられた二人は、この離婚に反対できない。またそれぞれ王位についているため、その地位を維持するための論理を理解できる立場になっている。

一二月一四〜一五日の深夜に、ボナパルト一家が集まる。皇太后、オランダ王ルイと王妃オルタンス、ナポリ王ミュラと王妃カロリーヌ（ナポレオンの妹）、ウェストファリア王ジェロームと王妃カトリーヌ、それにポーリーヌ・ボルゲーゼ大公妃である。国内に問題をかかえたスペイン王ジョゼフとその妻ジュリーは来ていない。

ジョゼフィーヌは白いドレスをまとい、宝石類は身につけていない。人身御供のようだ。当然大司法官のカンバセレスと皇室補佐官ルノー・ド・サン・ジャン・ダンジェリが同席している。ナポレオンは用意した宣言を読み上げる。「わが君主国の政治、またわがすべての行動を絶えず導いてきたわが人民の利害と欲求により、わが死後、神の思し召しにより即いているこの帝位を、人民に対する私の愛の後継者である子どもたちに残すことが望まれている。しかるに、数年このかた、最愛の妻、皇后ジョゼフィーヌとの結婚によって、子どもを得られる望みを失った。」ナポレオンは長く息を吸い、かすれ声で続ける。「私は私の心のもっとも甘美な愛情を犠牲にし、国家の利益のみに心をいたし、われわれの結婚を解消しようと思うにいたったのは、このためである。」「結婚の解消」、すなわち離婚をとうとうナポレオンは公的に口にした。「四〇歳になったが、神が私に与え給うであろう子どもたちを、私の精神と思想において育てるに十分な寿命をまだ持っていると思う。このような決心をするには、私の心がどのような犠牲を払わなければならなかったか、神はご存知である。しかしその犠牲がフランスの利益になる時、どんな犠牲をも払うだけの勇気を私は持っている。」ナポレオンはジョゼフィーヌの方を向く。「私の最愛の妻の愛情と優しさに、私はとても満足している。（中略）そして妻が私を最良の、もっとも親しい友とみなしてくれるように。」

妻ではなく友へ――離婚の代償

代償として、皇后の肩書きは終生残すこと（ただし、「フランス国民の皇后」から、単に「ジョゼフィーヌ皇后」と呼ばれることになる）、その地位は国母陛下と同等にすること。寡婦手当（寡婦ではないがのちのち問題になる）として年三〇〇万フラン（二〇〇万フランという説もある）が国庫より支給されること。またマルメゾン城とエヴルーの近くにあるナヴァール城が与えられることになる。のちにマルメゾンでも遠くて逢うのに不便というので、パリのエリゼ宮（エリゼ＝ナポレオン宮殿）も与えられる。

離婚のための儀式はまだ終わっていない。今度はジョゼフィーヌが離婚に同意したという宣言を読み上げる。が、嗚咽で声が出せない。ルノーが代読する。

次に双方で離婚の書類に署名をする。ナポレオンはこれで一件落着とばかり、大きな力強い筆跡でナポレオンと署名する。次いでジョゼフィーヌは、その署名の下に、かぼそい子どものような筆跡で名前を書く。同席した両家の親族も署名し、万事は終了、離婚成立。もうこれ以上、この場にはいたくない。ジョゼフィーヌは娘のオルタンスと息子のウージェーヌに抱えられて、この日はチュイルリーの自分の居室に戻る。

一五日にはこの離婚を認める元老院決議が発表される（民事離婚成立）。あとはパリの宗教委員会が宗教婚の解消を認めればいいだけだ。翌年の一八一〇年一月九日、九人の司教がナポレオンとジョゼフィーヌの結婚無効を認める。その理由として、宗教的聖別が秘密裏に行われたこと、地域教会区の司祭が立ち会わなかったこと、などが挙げられている。結婚解消ではなく、一八〇四年一二月の結婚聖別そのものが無効とされた。宗教上、結婚が成立していないとしても、十数年の結婚生活は厳然と存在する。この矛盾と、この宗教委員会の決定そのものの合法性がのちに問題となる。ジョゼフィーヌの不安が的中した。元老院決議の翌日の一二月一六日、ジョゼフィーヌはチュイルリー宮殿を出てマルメゾン城に退いた。

念願の離婚を円満に果たした。しかし、この無力感はどうしたものだろう…ナポレオンは自分の気持ちがコントロールできない。懸案解決と喝采していいのに、沈みこんだ気分になっている。ジョゼフィーヌなきチュイルリー宮殿にはいたくない。トリアノン宮殿へ行って気分を変えよう、狩りをしよう、だが、そんなことでは置き換えのきかない空虚さがナポレオンを襲う。

二人の愛の実質

一七九六年三月九日に結婚して、一八一〇年一二月一五日の離婚まで一四年九か月の結婚生活だが、どれくらい一緒にいたのだろうか。

結婚式の二日後に、ナポレオンはニースに向け出発している。イタリア遠征中、ジョゼフィーヌが合流したのは七月になってからだ。ナポレオンは一七九七年一二月五日にパリに戻るが、ジョゼフィーヌはそれから一か月後にようやくパリに戻っている。

エジプト遠征は一七九八年五月一九日より一七九九年一〇月一六日までだが、この間、ジョゼフィーヌはパリに残っている。

その後も一八〇〇年には五月の対オーストリア戦役に出征し、吹雪のアルプス越えなども経験しているし、六月二日にはミラノ入城、六月一四日マレンゴの戦いと少なくとも五〜六月はパリ不在である。

ジョゼフィーヌが皇后でいた五年と七か月の間に、ジョゼフィーヌはパリに一年間、一三か月をサン・クルー、三か月半をフォンテーヌブロー、一か月をランブイエで過ごしている。このほか、フランスの国内、国外を、一人でまたはナポレオンと共にたびたび旅行している。ドイツ、ストラスブール、ボルドーなどに行っており、温泉地プロンビエールには何度も治療目的で出かけている。マルメゾンは合計八か月の滞在となっている。

ジョゼフィーヌの述懐（5）――離婚

離婚をはっきり私に告げたのは一八〇九年一一月三〇日の夕食のあとだったわ。二人きりで食事をしたの。コーヒーを給仕が運んできて、私が注ごうとしたら、彼が自分で注いだの。人払いをして、私にこういったのよ。「私はあなたを変わらず愛している。しかし政治というのは心でするものでなく、頭でするものだ」と。そして年に五〇〇万フランとローマ王国を私にくれるというの。まさか即答で「いいわ」も「もっとほしいわ」ともいえないでしょう。女の手段は、気を失うことよ。気を失ったふりでもいいけど。そうすれば話をひとまず先送りできるしね。そしたらかえって損したわ。ローマ王の王位は将来生まれてくる自分の息子のためにとっておくというし、年金は三〇〇万フランに減額されてしまうし。

気を失って床に倒れたら、ナポレオンは宮廷の侍者を呼んだの。太った男で、腰の剣が邪魔だったわ。私を抱き上げさせ、ナポレオンは明かりを持って、内階段を通って私の部屋まで運んでくれたの。この男、女を抱き上げたことがないのかしら、落とさないようにしっかり抱いてくれるのはいいのだけど、痛くてね。狭い階段でつまずいて、ぎゅっと力が入ったものだから、つい痛くて「あまり強くつかまないで」といってしまったの。ナポレオンにも聞こえたみたい。

一二月一四日に親族会議を開いたのよ。離婚手続きの一つですって。結婚はだれにもいわず、こっそりしたのに、離婚は親族の立ち会いのもとなんて。まあ、結婚した時は一介の軍人、今は皇帝ですものね。立場に大きな違いがあるのは事実だけど。それに、国母陛下を別にして、私以上にナポレオンと一緒に長く生活した兄弟姉妹はいないのよ。だって彼は九歳の時、コルシカを離れたのですもの。それなのに、家族、血のつながりって配偶者より強いのね。

宗教上の結婚式、これもやはり茶番劇だったわね。叔父さまのフェシュ枢機卿(結婚聖別時は大司教)が司祭してくださったのだけど、立会人もいないし、この婚姻の書類がどこの教区に登録されたのやら、何もかもがいい加減だったから。私にしてはつめが甘かったわ。

6　その後のジョゼフィーヌ

別れても相愛の二人

離婚してもナポレオンとジョゼフィーヌのつながりは切れない。二人とも未練たっぷりだ。

ナポレオンは次の花嫁を迎えるまで、チュイルリー宮殿で孤独をかこつのを耐えなければならない。寂しさに耐えられず、チュイルリー宮殿を出て、トリアノン宮殿へと移る。妹カロリーヌやその取り巻きが同行する。別れて二日後、トリアノンから一二月一七日夜八時にジョゼフィーヌに宛て書かれた手紙だ。

「今日の君はひどく落ち込んでいた、そんなことではいけないのに。悲嘆にくれるばかりではいけない。気分転換を心がけ、とりわけ健康には留意しなさい。君の健康は私にとってとても大切なのだから。私を想い、愛してくれているのなら、君は元気を出し、幸せにならなければならない。君は私の変わらない優しい友情を疑うわけにはいかないのだ。君が幸せでないのに、私が幸せであるはずがないじゃないか。それに君の具合が悪いのに平気でいるなんてことができるはずないじゃないか。ゆっくりお休み。私がそれを望んでいることに思いを馳せて。」

そして日を置かずに次の手紙は書かれる。

「ブーローニュの森で狩猟をし、鹿をしとめた。そこでナポリ王妃（ナポレオンの妹カロリーヌ）に会った。彼女は昨日の午後一時、君と別れた時、君がとても元気だったといった。今日は何をしているのか教えておくれ。私はとても元気だ。昨日君に会った時、私は病気だった。君は散歩していることと思う。さようなら、わが友よ。」

これは一二月一九日朝六時に書かれている。この二通を見ても離婚して二日と経たない一七日、一八日と連続してマルメゾンにジョゼフィーヌを訪ねていることがわかる。そして一二月はまだ未練の月だ。一二月二五日クリスマスの日は、ナポレオンはジョゼフィーヌ、オルタンスとトリアノンでクリスマス・ディナーを共にしている。

翌年一八一〇年一月七日には、

「昨日、君に会えてとてもうれしかった。君のサロンは私にとってとても魅力がある。今日は財務官のエステーヴと一緒に仕事をしている。私は一八一〇年度のマルメゾンの臨時出費として一〇万フランを認可した。だから君は君が望むだけの植物を植えることができる。君はこのお金を、好きなように使うだろうね。私はエステーヴに、メゾン・ジュリアン（宝石商）との契約が結ばれると同時に、君に二〇万フランを渡すように命じた。君のルビーの装身具の支払いを命じた。その価格は財務担当者が査定するだろう。なぜなら私は宝石商にごまかされたくないからね。こういうわけで合計三〇万フラン、私払いとなる。

私は君の負債を払うため、一八一〇年用として、君の取引相手に一〇〇万フラン払うよう命じた。

君はマルメゾンの衣装箪笥に五〇万から六〇万フランをみつけるはずだ。それで銀器やリネン類を整えるといい。

君のために上質の磁器食器セットを作るよう命じてある。それが見事なものになるよう、担当者を差し向けるから、指図をするように。」（マルメゾンにはこの時作られたと思われる見事なセーヴルの食器セットが展示されている。）

年額三〇〇万フラン以外にこんなに余分に支払うとは、気前のいい元夫だ。これは、この手紙の二日後に宗教会議が結婚の無効を宣言することでジョゼフィーヌが受けるであろうショックを和らげる意図もある。

一月一〇日には、

「わが友よ、君が好きな時にウェストファリア国王（ナポレオンの弟ジェローム）を迎えることについては、なんら不都合はない。バイエルン国王と王妃（ウージェーヌの舅、姑）は明後日、君に会いに行くはずだ。

私はとてもマルメゾンに行きたい。しかし君は強く、冷静であらねばならない。今朝の小姓は、君が泣いていたのを見たといっていた。

一人きりで晩餐をとる。

さようなら、わが友よ、君への愛情を疑うなかれ、疑ったりしたら、君は不実で悪い女だ。」

一月一三日（土）には、

「わが友よ、昨日ウージェーヌに会ったが、彼は君が国王たちを迎えたといっていた。私は八時までコンサートを聴いていた。この時間まで食事ができなかったし、一人きりだ。

君にとても会いたい。今日行けないなら、ミサのあとで会いに行くよ。

さようなら、わが友よ、おとなしく、元気でいておくれ。今の気候は君にとってはつらいだろう。」

一月二〇日、

「わが友よ、一昨日、君に約束していた宝石箱を送った。これはロボー島（ウィーン東部、ドナウ河にある）を描いている。昨日は少し疲れていた。しっかり働いているし、外出もしない。

さようなら、わが友よ。」

そして一月三〇日、

「わが友よ、君の手紙を受け取った。今日、君が温室を見るためにした散歩が、君を元気にすることを望んでいる。

君と喜んでエリゼ宮で会おう、よりしばしば会えそうでとてもうれしい。というのもどんなに君を愛しているか、知っているだろう。」

これが離婚した元妻への手紙である。夫婦でいた時と変わらず、それ以上に細やかに気を配り、愛を語っている。

放浪するジョゼフィーヌ

このころナポレオンはマルメゾンまで通うことが時間的に無理になり、チュイルリー宮殿からほど近いエリゼ宮をジョゼフィーヌに進呈している。しかし三月一二日の手紙には、このように書かれている。

「わが友よ、私はナヴァール城について、私が命じたことに満足してくれることを望んでいる。君は、君が快適でいられるように私が心を砕いた新しい証を見ることだろう。ナヴァールを領有しなさい。君はそこに三月二五日に行って、四月いっぱいを過ごすことができる。さようなら、わが友よ。」

これは四月をナヴァールで過ごせという命令に等しい。二か月前とは異なり、ジョゼフィーヌをマルメゾンよりもっと遠く、パリから離れたナヴァール城に行かせたかったのだ。なぜなら、この時にはすでに三月一一日にウィーンで代理人による仮結婚式をあげた花嫁、オーストリア皇女マリー・ルイーズと、四月一日にサン・クルーで正式に結婚式をあげることになっていた。目ざわりな元妻には遠くにいってもらおう、という魂胆だ。

このナポレオンの意をジョゼフィーヌはきちんと理解する。従順に、まだ住居として完全に整っていないナヴァール城へ行き、ナポレオンの配慮を感謝する手紙を寄せる。

「私は息子を通じて、私がマルメゾンに戻ることについて、陛下がご同意いただいていること、またナヴァール城を住めるようにするためお願いしておりました前払いをお認めいただいた保証を受け取りました。陛下、この二重のご厚意は、陛下の長い沈黙が私に対し抱かせた不安と危惧の念の大部分を取り除いてくれました。私は陛下の思い出から完全に追い出されてしまったのかと恐れておりました。そうではないことがわかりました。したがって、今日、私はあまり不幸ではありませんし、むしろ幸せに感じております。

今月末にはマルメゾンに戻ります。というのも、陛下がそれに反対なさらないからです。

しかし陛下、申し上げなければなりません。私はナヴァール城の状態が私や私の侍者たちの健康にとって、早急の修理を必要とするのでなければ、陛下が私にお認めくださった行動の自由を早々ととるつもりはございません。

マルメゾンにはほんの短期間滞在いたします。そしてすぐに温泉地へ出かけるつもりです。でもマルメゾンにいる間も、パリから一〇〇〇リュー（一リューは約四キロメートル）も離れているようにひっそりと暮らしますので、どうぞ陛下はご安心ください。陛下、私は大きな犠牲を払っております。そして、その犠牲は日々大きくなっております。しかしながらこの犠牲は必要なのでしょう。私の役目でもあります。いかに私が悲嘆にくれていましても、陛下のお幸せを妨げたりはいたしません。

私は絶え間なく、陛下がお幸せであられることを祈っております。再びお目にかかれることも願っております。しかし陛下もご承知のように、私は陛下の新しい立場を存じております。陛下の新しい立場を、私は黙って尊重いたします。しかしながら、陛下がかつて私にお寄せくださった愛情を信じ、新しい証は求めません。ただただ、公正なお気持ちとみ心を待っております。

一つだけご好意をお願いしとうございます。それは、私自身また私の周囲の者が、時々、陛下の思い出や友情の中に少しの場所を占めていると思わせてくださることです。そう思わせてくださることは、それがどんな方法であれ、私の悲しみを和らげ、すべてに先立ち、陛下のお幸せだけが私にとって何より大切なことでございます。」

一八一〇年四月一九日付のこの手紙は、礼儀上の感謝のほか、言外に隠した恨みつらみもうかがえる。「新婚さんの邪魔はしないから安心しなさい。でもそれ相応のことはしてよ」という内容の婉曲表現だ。この手紙では、ナポレオンに対し陛下（Sire または Sa Majesté）と呼びかけ、常に三人称を用いている。きわめて他人行儀な文体だ。

これには裏事情がある。まず、新しい皇后マリー・ルイーズが前妻ジョゼフィーヌに対し、嫉妬心を燃やしていたこと。これは当然だろう。いたるところにジョゼフィーヌの名残が感じられるのだから。ジョゼフィーヌの方でもまたウージェーヌを通じての交信で、短期的にマルメゾンに戻ったあと、数か月を温泉地で湯治し、そのあと南仏からローマ、フィレンツェ、ナポリなどをお忍び旅行し、冬場は息子の近くのミラノで過ごし、一八一一年の春にマルメゾンかナヴァール城に戻るという計画が立てられていたようだ。その留守の間にナヴァール城は改装されることになっていた。そのための一八一〇年分と一八一一年分の費用が前払いされるよう、決定されていた。当時ナヴァール城は廃城に等しい状態であったらしい。それを住めるように改装するには巨額の費用を要したが、ナポレオンは離婚の代償として気前よく払った。

未練のナポレオン

以下はジョゼフィーヌの四月一九日付の手紙に対するナポレオンの返事である（マリー・ルイーズとの結婚後の四月二一日付、コンピエーニュから出されている）。

「わが友よ、君の四月一九日の手紙を受け取った。ひどい書き方だね。私はいつも同じだよ。

私の兄弟姉妹も同様に変わらない。私はウージェーヌが何をいったか知らない。私が手紙を書かなかったというのは、君が書かなかったからだし、私は君が快適であるようにすべてが運ぶよう願っている。

私は、君がマルメゾンへ戻ろうとし、満足しているのをうれしく思っている。君の近況を受け取り、私の近況も知ることができ、私の近況も伝えることができれば私も満足だ。君がこの手紙と君の手紙を比較するまで、多くは書かない。比較すれば、われわれのどちらがより良い友であるか、わかるだろうよ。

さようなら、わが友よ、元気で、そして君自身と私自身のために公正であってくれたまえ。」

ナポレオンは相変わらずチュトワイエ（tu君、お前といった親しい呼び方）を使っている。陛下と呼びかけるジョゼフィーヌの他人行儀を怒っているのだ。

「私をお忘れにならなかったことに、一〇〇〇回、一〇〇〇回のお礼を申し上げます。私の息子があなたのお手紙を持ってきてくれました。どんなに感激して読んだことでしょう。時間をたくさんかけて読みました。私を泣かせる言葉は一言もありませんでした。もし涙したとしても、それはうれし涙です。私の気持ちは以前のままに戻りました。これからずっとそうあり続けるでしょう。命に等しい愛情があり、この愛情は命が終わるまで続くことでしょう。

私の一九日付の手紙があなたを不快にさせたこと、申し訳なく存じております。私は正確にはどう書いたのやら思い出せません。でもどんな気持ちで書いたかは思い出せます。それはあなたからのお手紙がいただけない悲しみからでした。

　マルメゾンを出る時にお手紙を書きました。それ以来、何度お手紙したいと思ったことでしょう。でもあなたの沈黙の意味を考え、手紙を書いてうるさいと思われたくなかったのです。あなたのお手紙は私にとって慰めです。お幸せに、お望みのままにお幸せに。それが私が心からあなたに申し上げたいことです。あなたは私を幸せにしてくださいました。この幸せをつくづく感じております。あなたの思い出を感じさせるもの、それが私にはもっとも大事なのです。

　さようなら、私の友よ、いつもあなたを愛する時と同じ甘美な感情をもってお礼を申し上げます。」

　この手紙はチュトワイエになっている（訳は女性なのでていねいな文体にした）。二人とも「わが友」という表現を使っている。一〇〇〇回も、一〇〇〇回もお礼をいうと重ねているのは、よほどうれしかったのだろう。

　引き続きナポレオンの四月二八日の手紙では、

「君からの二通の手紙を今受け取った。私はウージェーヌに手紙を書いているところだ。タシェ（ジョゼフィーヌの従弟）とレイエン王女との結婚を執り行うよう許可した。

　明日、ベルギーのアントワープに向け出発する。そこで艦隊を閲兵し、造船の命を下すためだ。五月一五日には戻ってくる。

　ウージェーヌは君が温泉に行きたがっているといっている。何も心配することはない。パリのゴシップには耳を貸すではない。ばかばかしいし、真実から程遠い。君への気持ちは変わっていない。君が幸せで満足しているか、本当に知りたいと思っている。」

この手紙は今では紛失してしまっている。このアントワープへの旅行には新婦マリー・ルイーズを同伴している。

ジョゼフィーヌに対して、変わらぬ愛を書きながら、一方で新婦マリー・ルイーズとの新婚生活も順調に運んでいる。近隣諸国への旅行には新婦を同道し、新婚旅行も兼ねていた。

ナポレオンは新婦と共にハネムーン

ナポレオンは新婦を伴って、四月二九日にパリを出発し、ラーケン、アントワープ、ブルージュ、オステンドなどオランダ、ベルギーの諸都市を訪問し、リール、ブーローニュ、ディエップ、ルアーヴル、ルーアンなどフランス北部の都市をまわり、六月二日にサン・クルーに戻った。この旅行は、対英国経済封鎖がうまく運んでいるかどうか、実態を見るためであり、また新婦に自分の勢力圏を見せたいという思いもあった。一方、ジョゼフィーヌは五月半ばから六月一八日まではマルメゾンにいたようだ。ナポレオンは実際には六月一三日に前妻に会いにきている。

その旅行から帰国しての手紙（日付なし）にはマルメゾンにいるジョゼフィーヌに次のように書いている。

「わが友よ、君の手紙を受け取った。ウージェーヌが君に、私と皇后の旅行について知らせてくれるだろう。私は君が温泉で過ごしたことをうれしく思っている。それはいい効果を与えたことと思う。

君にとても会いたい。君がもし今月末マルメゾンにいるなら、君に会いに行こう。私は今月三〇日にはサン・クルーにいると思う。私の健康は上々だ。君が満足していて、元気でいるかだけを知りたく思っている。君がどんな名前で旅行するつもりか知らせてほしい（筆者注・当時、高貴な夫人は仮名を使って私的旅行をしていた）。

私の愛情が真実であることを疑わないでほしい。この感情は私同様いつまでも続くものだ。もしそれを疑うなら、君は不実といえる。」

ハネムーンにも相当する新婦との旅行の詳細を、息子の口から聞けというのはいささかデリカシーに欠ける手紙だと思うが。

手紙の中でふれられているように、ジョゼフィーヌは旅行をする時、アルベルグ伯爵夫人の名前を使用していた（アルベルグとしては、ナポレオン皇帝の侍従長だった人物がいる）。

ボーアルネ家最悪の時期

次の手紙はジョゼフィーヌにとって、さらにショックを与えるものだった。ジョゼフィーヌはエクサン・サヴォワの温泉で湯治していた。ランブイエのナポレオンから七月八日付の手紙である。

「わが友よ、君の七月三日の手紙を受け取った。君はウージェーヌに会ったことと思う。彼の存在は君を安堵させるだろう。温泉が君の気分をよくしたことを知ってうれしく思っている。オランダ王（ルイ）が譲位し、憲法に則り、その統治を王妃（オルタンス）にゆだねた。彼はアムステルダムを離れ、ベルグ大公（ルイとオルタンスの次男）を後継者として残した。

私はオランダをフランスに統合した。このことは王妃を摂政の立場から解放するという意味で好都合であり、この不幸な娘（オルタンス）はその息子ベルグ大公と共に、パリに戻ることになっている。これで彼女は完全に幸せになれるだろう。

私の健康はよい。私はここに狩りをするため、数日間来ている。この秋、君に会うのが楽しみだ。私の友情を疑わないでおくれ。私は全く変わっていない。

体を大事にして、朗らかでいておくれ。そして私の愛情が真実であることを信じるのだよ。」

（一八一〇年七月一日、オランダ王ルイは秘密裏に国を出る。七月九日にはオランダをフランスに併合するデクレが発布される）

息子ウージェーヌに会ったことと思うというのは、彼がパリないしランブイエをすでに発ち、ミラノへの途にあったからである。イタリア副王であった彼はフランクフルト大公に任じられたばかりであった。イタリアはオランダ同様にフランスに併合されたも同然であった。イタリア王はナポレオンであり、実際の統治は副王ウージェーヌがあたっていた。エクサン・サヴォワに滞在中の母を訪ね、その後の状況説明をするのは息子としての当然の義務である。この頃がボーアルネ家の最悪の期間といえるだろうか。ジョゼフィーヌは離婚して肩書きのみの皇后となり、オルタンスはオランダ王妃の地位を失い、夫ルイとは離婚同然の状態になった。ウージェーヌが期待していたボーアルネ家の隆盛はあえなく頓挫した。それもわずか数か月の間にである。ジョゼフィーヌは息子と共に、息子の妻が待つジュネーヴへ行く。スイスは常に亡命者の楽天地であり、ウージェーヌは妻をミラノではなく、ジュネーヴに待たせていた。

再びエクサン・サヴォワに滞在するジョゼフィーヌに、危うく溺死しかける事件があった。七月二六日、ブルジェ湖を渡ってオート・コンブ僧院に行った帰り、嵐にあい、ボートが沈没しそうになったのだ。それを知ったナポレオンはびっくり仰天した。

「君の手紙を受け取った。君が冒した危険を悲しく思います。大洋の島々（マルティニーク出身のことをいっている）の出身者として、湖で死ぬのは馬鹿げている。

王妃（オルタンス）はだんだんよくなられている。彼女の健康が回復するのを望んでいます。夫君（ルイ）はボヘミアにいて、何をしていいかわからないでいるようだ。

私はまずまず元気だ。どうか私の愛情を信じておくれ。」

（この手紙は『ナポレオンの恋文』（仏文）では九月一〇日、『ナポレオンのジョゼフィーヌへの手紙』（英文）では八月一〇日の日付になっている。おそらくは八月のことだろうと思われる。）

九月一四日、ナポレオンはまた無神経な手紙を書いている。

「君の九月九日付の手紙を受け取った。君が元気でいることがわかってうれしい。皇后は妊娠四か月目に入られた。彼女は元気で、私をとても愛している。幼いナポレオン王子たち（オルタンスの次男と三男）はとても元気でいる。彼らはサン・クルー宮殿内のイタリア館に住んでいる。

私の健康はまあまあだ。君が幸せで満足しているかを知りたい。君の側近の一人が氷河で足を折ったと耳にした。

さようなら、友よ、あなたへの関心と愛情を持ち続けていることを疑うなかれ。」

オルタンスやその息子たちの情報なら、ジョゼフィーヌにとって大歓迎だが、新しい皇后が身ごもって、妊娠安定期に入り、ナポレオンと仲睦まじい、といった情報は、他から聞こえるならともかく、ナポレオン本人がこれみよがしに書いてくるのは耐えられない。

その後温泉地からジュネーヴに移ったジョゼフィーヌへ、一〇月一日付の手紙では冬をどこで過ごすべきか、指図をしている。

「君の手紙を受け取った。オルタンスに会ったが、彼女が君に私の意図するところを告げたことと思う。この冬は息子に会いに行きたまえ。来年、またエックス温泉（エクサン・サヴォワ）に戻るか、もっといいのはナヴァール城で春の来るのを待つかだ。君がナヴァール城で退屈しないなら、私としてはすぐにナヴァール城へ行くことを勧める。私の意見は、君が冬を過ごすのはミラノかナヴァール城が適当なのではないかということだ。その後のことは君がしたいようにしてもよい。君をほかのことで煩わせたくないからね。

さようなら、友よ、皇后は最後の手紙で書いた時と同じであられる。私はモンテスキュー夫人をフランス王子（王女）の傅育係に任命する。満足しておくれ、そして頭にこないでくれたまえ。私の愛情を決して疑うことなかれ。」

無事に新婦が出産するまで、フランスには帰ってくるな、もし帰ってきてもナヴァール城にとどまっていてほしい、といった気持ちなのだろう。しかし、実際には、一一月の前半をジョゼフィーヌはマルメゾンで過ごし、後半にはナヴァール城に入っているようだ。そしてそのまま新年をナヴァール城で過ごす。

新年の賀を述べたジョゼフィーヌの手紙に対するナポレオンの礼状は一八一一年一月八日付である。

「君の新年のあいさつを受け取った。とても感謝している。君が元気で幸せなようでうれしい。ナヴァール城には、男性より女性の侍者の方が多いそうだね。

このニ週間、外に出かけていないが、私の健康は申し分ない。ウージェーヌが来て、彼の妻は心配ないということだ。君に孫息子ができるよ。

さようなら、友よ、元気で。」

ローマ王誕生

一八一一年三月二〇日、マリー・ルイーズはナポレオンの嫡子を産む。早速ジョゼフィーヌはお祝い状を送る。それに対して、ナポレオンの親ばかぶりを示す手紙が返ってくる。

「わが友よ、お手紙を受け取った。どうもありがとう。

わが息子は太って大変元気だ。このまま成長していくものと思う。彼は私の胸、口元、そして目を持っている。彼が運命を全うすることを願っている。私はいつもウージェーヌには満足している。彼はほんの少しでも気がかりを与えることはない。」

ナポレオンとジョゼフィーヌの交信はその後徐々に少なくなっていったようだ。ナポレオンの最大の関心事はマリー・ルイーズとローマ王になり、またジョゼフィーヌも内孫、外孫に関心が移っていく。しかし浪費癖は相変わらずのようで、ナポレオンはたしなめる手紙を寄せる。

ジョゼフィーヌの浪費と借金

「君の手紙を受け取った。君が元気でいるようでうれしい。数日来、私はトリアノンにきている。この後コンピエーニュに行くつもりだ。私の健康はきわめて良好だ。

負債を全部きちんと払いなさい。使うお金を一五〇万フランにとどめ、同額を取り置くようにしなさい。そうすれば一〇年間で一五〇〇万フランがたまり、孫たちに残してやれる。孫たちに何かしてやることはうれしいことだし、彼らにとっても有用だ。そのほかにも君は負債があるという。自分のことをきちんとして、だれかれなしにほしがる人にお金を与えてはいけない。もし君が私を喜ばせたいのなら、大富豪になってくれたまえ。君についてどんなに悪い評判を聞いているか、君は年間三〇〇万フランを受け取っているのに。

さようなら、友よ。元気で。」

これはマルメゾンにいるジョゼフィーヌに、一八一一年八月二五日に書いた手紙である。いくら払ってやったのだろう。いつまで元妻の負債を負担することになるのだろう。「あのばか女め、際限なく無駄遣いして!!」ナポレオンの悲鳴が聞こえそうだ。一一月には再び戒めの手紙を書いている。

「君がどんな具合か聞くために人を送った。オルタンスによると、昨日、君は床に臥していたようだね。私は君の借金でもいらついている。これ以上借金を作らないことを願う。反対に、毎年、一〇〇万フランを取り置きし、孫たちが結婚する時に与えてはどうだろう。とはいえ、君への愛を疑わないで。そしてこれ以上、このお金の問題で思い患わさないで。さようなら、友よ。君が元気でいるという知らせをおくれ。君がノルマンディの農婦のように太ったと聞いた。」

八月の返済分では借金完済とはいかなかったようだ。本来なら、債務超過でブラックリストに載るであろうが、背後に時の皇帝がついている。

ノルマンディの農婦のように太っている、という表現はジョゼフィーヌの最後の肖像を見るとあたっているようだ。もう四八歳、中年末期の年齢では、更年期障害もあろう。いかに体型に気をつけ、食べ物を制限しても、脂肪はどんどん付いてくる。こんな手紙を受け取って、ジョゼフィーヌのショックはいかばかりだったろう。美しさを売りものに、これまでの人生を過ごしてきたのに。そのセールスポイントを失ったことを、ずばり指摘されてしまったのだ。

落日の始まり

一八一二年五月九日、ナポレオンはマリー・ルイーズと共に、ドレスデンへ向け出発する。これからの手紙は旅先から送られたものになる。

一八一二年六月二〇日付の手紙は、プロシア東部のグンビネンから送られている。

「君の六月一〇日付の手紙を受け取った。君がミラノの副女王（ウージェーヌの妻）の近くに行くことについて、なんら差し支えはない。お忍びで行くといい。きっと向こうは暑いと思うよ。

私の健康はとてもよい。ウージェーヌも元気で、よい仕事をしてくれる。君に関心を持っていることと友情を疑わないでおくれ。」

この数日後（六月二四日）にナポレオンの大軍はポーランド（ワルシャワ大公国）とロシアの国境であるニエメン川を渡って、ロシアへと侵攻していく。ここから悲劇がスタートする。

イタリア行きの許可を得て、ジョゼフィーヌは七月一六日にミラノに向け出発する。ウージェーヌの妻オーギュストの出産を手伝うためである。天候不良で、ジュネーヴを経てミラノに到着したのは七月二八日であった。八月末、ジョゼフィーヌはエクサン・サヴォワへ湯治に出かけ、そこでジョゼフの妻ジュリー、その妹でナポレオンの元フィアンセ、デジレ・ベルナドットに会う。ジュリーは旧知の仲、デジレは初対面である。デジレはジョゼフィーヌに対し、「とても慇懃」だったという。エックスからジュネーヴ湖のプレニー・ラ・トゥールへ回る。マルメゾンへは一〇月二四日に戻った。

一方、ナポレオンはモスクワ遠征に失敗、一二月一八日、パリに帰還する。失意のナポレオンはマルメゾンにジョゼフィーヌを訪ねる。しかし、ジョゼフィーヌはナヴァール城に疎開しており、ジョゼフィーヌに慰めてもらうことはかなわなかった。

一八一三年はナポレオンにとって、これまで以上に戦争に明け暮れた年となる。ナポレオンに解放されたはずの諸国が叛旗をひるがえし、フランス、つまりナポレオンの支配からの解放を求める戦争を始めたのだ。二月にはプロイセンがロシアと反仏同盟を結ぶ。ナポレオンは五月にライプチヒ近くのリュッツェンでロシア・プロイセン連合軍を撃破するも、八月、オーストリアがフランスに宣戦布告して戦況は厳しさを伝える。八月二六〜二七日のドレスデンの戦闘、十月一六〜一八日のライプチヒの戦闘でフランス軍は敗北する。一二月二日、ロシアとプロイセンの連合軍が、ライン川を越え、フランス国内への侵攻が始まる。

一八一四年三月三一日、連合軍はとうとうパリに入城した。四月六日、ナポレオンはフォンテーヌブロー城において退位証書に署名する。ローマ王への譲位も認められず、ボナパルト朝は一代で終わる（元老院はブルボン王朝のルイ一八世を国王とすることを宣言する）。四月二〇日には親衛隊に感動的な告別をし、エルバ島に到着したのは五月四日のことであった。

一方、ジョゼフィーヌはこの間、どのように過ごしていたのだろうか。マルメゾン、ナヴァールの二つの居城、パリ北部のサン・ローにあるオルタンスの領地などを状況に応じて動いていたようだ。ナポレオンは苦戦していても、銃後には常勝の知らせがきたのだろう。常勝の知らせはあっても、ナポレオンに同行している息子ウージェーヌが心配でならない。戦地のことだから、何が起きても不思議はない。ジョゼフィーヌにしてみれば、母として、祖母としての気持ちを優先している。ジョゼフィーヌはオルタンスの二人の息子、とりわけ下のルイ＝ナポレオンをかわいがる。のちにナポレオン三世となるこの子は、ウイ・ウイ（Oui-Oui）という愛称で呼ばれ、人気者だ。ウージェーヌも一八〇六年一月結婚したバイエルン国王の娘、オーギュスト＝アメリーとの間も仲睦まじい（二人の間には六人の子どもができた）。ナポレオンが決めた政略結婚にも関らず、うまくいった例だ。

マルメゾンには訪問客も多い。訪問客の中には、一時期ナポレオンの想い人となり、一児をなしたマリー・ヴァレフスカもいる。ナポレオンの息子アレクサンドルと共に、ジョゼフィーヌと対面する。

ナポレオン退位後のジョゼフィーヌ

ジョゼフィーヌは連合軍侵攻のニュースに、一八一四年三月二九日、マルメゾンからナヴァール城へと避難する。四月一五日にマルメゾンに戻ったジョゼフィーヌは、翌四月一六日、ロシア皇帝アレクサンドル、プロイセン国王一家などの訪問を受ける。特にアレクサンドル帝はブルボン王朝を嫌っていたので、ルイ一八世による王政復古には反対であった。復権した旧勢力はナポレオンに関係した人物への迫害を始める。その中でアレクサンドル帝はジョゼフィーヌやオルタンスへの保護を約束する。ナポレオン失墜後、年金や財産がどうなるか、心配だったジョゼフィーヌはこの申し出がうれしかったに違いない。また母親として、オルタンスやナポレオンの側近であったウージェーヌの身の安全も得たい（新政府は、ジョゼフィーヌの手当を三〇〇万フランから一〇〇万フランに減額、オルタンスは四〇万フランの年金とサン・ローの領地を保証される)。

とはいえ、ナポレオンを見棄てたわけではない。この期間、ナポレオンとジョゼフィーヌの間で、直接の交信があったのかどうか、手紙が残っていないのでわからないが、ジョゼフィーヌは、ナポレオンの側近コレンクールに四月一一日、次の手紙を書き送っている。

「私は皇帝陛下の立場に心が乱れております。陛下が私になさった冷たい仕打ちは忘れ、ご不幸のことばかりを案じ申し上げております」(『皇后ジョゼフィーヌ』)

五月一四日、アレクサンドル帝をサン・ローに案内し、ジョゼフィーヌは領地の一角モンモランシーの森を皇帝と共に散歩する。その時、風邪をひいてしまう。しかし五月二四日、プロイセン国王とその息子の訪問が予定されている。病気をおして、ジョゼフィーヌは大晩餐会と舞踏会を開く。おそらくはジフテリアに罹ったとされているが、喉をひどくやられ、呼吸ができなくなる。亡くなったのは五月二九日正午、聖霊降臨祭にあたる日曜日であった。最後までコケティッシュなジョゼフィーヌ、死の当日も、アレクサンドル皇帝の訪問があるかもしれないと、一番エレガントな部屋着をまとっていたという(アレクサンドル皇帝は一七七七年生まれだから、ジョゼフィーヌより一四歳も年下である)。

ジョゼフィーヌの述懐(6)——元皇后の不安

離婚後の生活はやっぱり不安なものだったわ。「現」と「前」の違いは大きいのよ。でもナポレオンたら、毎日みたいにマルメゾンに現れるし、手紙は届くし、未練たらしいの。それでいて、次のステップはちゃんと踏んでいるのよね。離婚前から、次の花嫁を選んでいるのだから。私に対する侮辱もいいところよ。

一八一〇年四月一日、結婚式を挙げられたけど、私との結婚と離婚の手続の不備を理由に宗教的な正統性が疑われたでしょう。いい気味よ。でもナポレオンは何でも思い通りにしてしまうから。花嫁との仲がとてもおよろしいとのことは、耳に入りました。花嫁もぞっこんになっていらしたらしいわね。ナポレオンは私が教えた愛のテクニックを駆使したのでしょうね。

折角、政略結婚をして、正統な男児もお生まれになって、ナポレオンも国政に専念していけばいいものを、やっぱり戦争の現場を踏むことで、存在価値があると思っていたのかしら。それとも後継者をフランスだけでなく、大ヨーロッパの皇帝としてやりたかったのかしら、無茶な戦争を始めてしまったわね。こうしてみると、彼は破滅型だったのかしら。

新皇后様が私に嫉妬なさるというから、マルメゾンにはなかなか居づらかったわ。結構放浪の旅をしたわね。エクサン・サヴォワではデジレ様にもお会いして、ナポレオンに棄てられた女二人よ。デジレ様の原因は私だったけど。でも、あちらは今やベルナドット様の奥様、スウェーデンの王太子妃でいらっしゃるし、同病相哀れむってわけにはいかなかったわね。

借金は私の病気なの。きれいなものを見せられると手に入れたくなるでしょう？　マリー・アントワネット王妃と一緒かしらね。女の性よ。計算ができないの。それにナポレオンより年上の私としては、若く、美しくしておかねば、彼の寵を失うかもしれないでしょう。夫にかまわれない妻ではみじめですもの。ナポレオンも私がきれいにしているのを好きだったのよ。それが離婚後も続いただけのこと。みじめにならないように、半ばやけっぱちよね。でも執政時代から帝政時代のモードをリードした功績も認めていただきたいわ。

ご結婚からしばらくして皇后様のご懐妊があったでしょう。平静ではいられなかったわ。

でもこれで私が離婚されたことが実を結んだと、なんだか納得させられたわね。難産でいらしたらしいけど、願い通りの皇子様で、ナポレオンも有頂天。手放しの親ばかぶりだったわね。私にも喜べ、喜べってうるさいの。それは喜んだけど、不妊が原因で別れた妻の気持ちもわかってほしいわ。でもナポレオンにとってよかったこと、それは処女の皇女様をめとって、自分の子であるかどうかの疑いを持つ必要がなかった、ってことよね。それによく似ていらしたしね。オルタンスの子どもも彼と似ているって、ナポレオンの妹たちが疑っていたけど、皇后様の御子とは違ったわ。

一八一二年一二月のモスクワからのご帰還、それに翌一八一三年はほとんど遠征して、戦いばかりだったわね。一八一四年、あんな形になるなんて。なんのためにオーストリアの皇女様をもらったのよ。舅と戦うなんて、馬鹿げた話だわ。ナポレオンの意図するところが、全部裏目、裏目に出たのね。

かわいそうなナポレオン、私にも会いたかったらしいけど、とうとう会えずにエルバ島へ流されてしまったわ。皇后様やローマ王にも会えずじまいなのはお気の毒だったけど。

私がロシア皇帝やプロイセン国王をマルメゾンにお迎えしたことをとやかくいう人もいるわね。ナポレオンを滅ぼした人たちですものね。でも私も、子どもたち（オルタンスとウージェーヌ）も生きていかねばならなかったの。ブルボン朝の王政復古になったら、私たち、路頭に迷うことになったかもしれないでしょう。ロシア皇帝がご親切だったから、彼の保護があって、ルイ一八世も手が出せなかったのよ。ロシア皇帝と、男女の仲になったか？　それは秘密。ナポレオンよりもっと年下なんだけど、なぜかフェロモンが働いたのかしらね。でも散歩で風邪をひいてしまって。ロシア皇帝の気をひくために、ちょっと薄着しすぎたのかもしれないわ。これも運命ね。もし、命をとりとめていたら、さあ、どうなったでしょう。ナポレオンはきっとまたロシア遠征しているでしょうよ。

ジョゼフィーヌ死す

ジョゼフィーヌは一八一四年五月二九日聖霊降臨祭の日曜日正午、マルメゾンにおいて死去。享年五一歳であった。葬儀はマルメゾン城のあるルイユの教会において行われた。ナポレオン失墜後とあって、オルタンスやウージェーヌが表に立つことは禁じられ、孫たちが先導した。村人たちは彼らの愛する皇后の死を悲しんだという。

遺骸はルイユ・マルメゾンの中心にあるサン・ピエール=サン・ポール教会に葬られた。宮殿から歩いて一〇分ほどのところにある。大理石の墓所には、戴冠式時のようにひざまずいた姿のジョゼフィーヌがいる。碑銘は、「ジョゼフィーヌへ、ウージェーヌとオルタンス」となっており、贈り主の子どもたち二人の名前がある。

祭壇の向かい側には、娘オルタンスの墓がある。天使の前にオルタンスがひざまずいている。オルタンスは亡命先のスイスで亡くなったが、「ルイユの母の側に眠りたい」という遺言により、息子であるナポレオン三世が後に設置したものである。

天国で母と娘は何を語り合っているのだろう。

コラム2・ナポレオン法典

民法、民事訴訟法、商法、刑法、刑事訴訟法に関して、ナポレオンが制定した法典。特に民法が代表的なものとして扱われている。この民法で特に有名な項目は、家族に関するものである。たとえば結婚については、二五歳以下では、親の同意を必要とする。また一七九三年時、結婚において両性は平等であったのが、ナポレオンの定める法律で夫の優位性が決められた。さらに離婚は可能となったが、女性の不貞行為は直ちに離婚原因となるのに、男性の不貞は、妻妾同居を強いられない限りは離婚理由とならない。そもそも、離婚を認めないことを法典編集者は意図していたのに、離婚を認めることにしたのは、一八〇二年にすでにジョゼフィーヌとの離婚を考えていた証拠という説もある（離婚は一八一〇年）。嫡出性に重きをおき、私生児にいかなる権利も認めないが、養子を認めている。二一三条では、「夫は妻を保護し、妻は夫に従う」とあり、現在のフェミニズムの運動からいえば、反動的、封建的な法制度である。

フランスでは結婚の場合、民事上と宗教上の結婚がある。まず民事上の結婚式をすませる。これは役場などに行って、戸籍に記載する。現在では市町村長の司会の下で、結婚の意思を新郎・新婦それぞれに確認。戸籍にその旨記載し、証人も署名する。これで結婚成立だ。宗教上の結婚式は、民事上のこの手続きをふまないと挙げることができない。

民事では離婚もあるが、カトリックでは神の前で誓った結婚は離婚ができないことになっている。ナポレオンとジョゼフィーヌの結婚は、宗教上の結婚が無効だったと判定され、結婚そのものが成立しなかったという判断もある。

第3章　恋人マリー・ヴァレフスカ

――祖国のために

マリー・ヴァレフスカの生家ラクジンスカ家は、彼女が生まれる二〇〇年前の一五七四年に貴族に叙せられた旧家である。婚家のヴァレフスキー家はポーランドの主要な貴族の家系である。

マリーは一七八六年一二月七日に生まれ、一八〇四年初めに五〇歳年長のアタナーゼ・ヴァレフスキーと結婚する。夫は六八歳、マリーは一八歳であり、彼は三度目、彼女はもちろん初婚である。彼女を描いた肖像画を見ると、マリーは明眸の美人である。アタナーゼの前の婚姻による妻二人はいずれも死亡している。一八〇五年六月一四日、二人の間に息子のアントワーヌが生まれる。夫婦仲は睦まじかったという。

ナポレオンとの出会い

一八〇七年、ナポレオンはロシアからの解放者としてポーランドに現れた。一月一日、ブロニーで馬を交替させるべく、休憩をとっている時、マリーが現れ、歓迎の辞を述べた。ジョゼフィーヌに続く二度目の一目ぼれが起きた。美しいマリーに注目したナポレオンは、この若い女性が何者であるかを調べさせ、舞踏会へ招待する。マリーは行きたがらなかったが、この招待を知ったワルシャワの政府、愛国者、貴族、そしてその先頭に立って夫すらも、彼女に招待を受けるよう圧力をかけたのだ。彼女は仕方なくその招待を受ける。ナポレオンはさらに二人きりで会うことを要求する。これも受けるようにという周囲の圧力がかかる。救国のためだというのだ。まるで人身御供である。マリーはその圧力に抗することができない。

ポーランドを救うために

マリーにとっては強いられた関係であったが、ナポレオンは青年のような初々しい愛情を表現している。最初の手紙は一八〇七年一月二日、マリーを初めて目にした翌日のことである。

「私はあなただけを見ていました。あなただけを崇めました。あなただけを欲しています。このこらえ切れない想いを鎮めるために、すぐにお返事をください。」

短い手紙だが、「あなただけを欲しています」という直截的な表現があり、マリーを困惑させたことは疑いない。

一〇日後の一月一二日には文面に脅迫的な部分も見える。

「切ない想いがいやが上にも募る時があり、今が私にとってその時なのです。あなたの足元にひれ伏し、そしてあなたを抱きたいという願いがあふれてくる。しかしこの想いを抑えなければならないという重い責任が私を押しつぶしそうだ。恋に捕らわれた心が欲するものをどうすれば満たせるだろうか？　ああ、あなたがそれを望まれるなら！　われわれを離している障害を取り除くことができるのはあなただけなのです。わが友デュロックが取り計らうことでしょう。

ああ、いらしてください、いらしてください。あなたのすべての望みはかなえられるでしょう。あなたが私の哀れな気持ちに情けをかけてくださるのなら、あなたの祖国は私にとってもとても大切なものになるでしょう。」

最後の三行は婉曲的脅迫である。あなたが私の気持ちを受け入れれば良し、受け入れねばポーランドはどうなるか、知りませんよ、といっているのと同じだ。この手紙によりマリーは周囲から、祖国ポーランドのためにも、ナポレオンの意を受けるようにと一層強く説得されたのだろう。

その二日後一月一四日は、あなた（vous）から君（tu）へと呼び方が変わっている。推察するに一三日にはベッドを共にしたのではないだろうか。

「マリー、私の愛しいマリー、私の第一の想いは君のこと、私の何よりの願いは君に再び会うことです。君はまた来てくれるだろう？　そうだろう？　そう君は私に約束した。来ないなら、鷹が君の方に飛んでいくだろう。晩餐の席で会えるはずだと友人がいっている。だからこの花束を受けてください。この花束は、われわれを囲む人々の中にあって、われわれの秘密の関係を確立する不思議な糸ともなるものです。大勢の人々の視線にさらされても、われわれはお互いに理解し合える。私がわが胸を押さえたら、君は花束に触れてください。優しいマリー、私を愛してください、そして君の手が花束から決して離れませんように。」

まるで高校生の恋愛のようだ。秘密の関係？　側近をはじめ、みんなが知っているというのに。「私が胸を押さえたら、君は花束に触れてください」恋人たちのサインに周囲の人々は笑いをこらえたことだろう。鷹はナポレオンの印だ。

この恋情をマリーはどう受け止めたのだろうか。征服者としてのナポレオンが強圧的に迫ってきた時、マリーは恐怖を覚えていたことだろう。ナポレオンの前に伺候し、側から人が遠ざけられ、二人きりになった時、マリーは打ちふるえていたに違いない。三七歳のナポレオンは二一歳のマリーに優しく語りかける。征服者ではなく、求愛者としてであり、マリーも次第にほだされていく。

純愛の足跡

一度愛を受け入れてからは、マリーもナポレオンを愛するようになる。二月八日にはロシア・プロイセンの連合軍との間に、アイラウ（東プロイセンの都市、現バグラティオノヴスク）での戦いがある。勝利はしたものの、きわどいものだった。冬場のヨーロッパ北部での戦闘は寒く、厳しい。マリーは戦地のナポレオンが心配でならない。ナポレオンは二月九日にとりあえず安否を知らせる程度の手紙をマリーに送っている。

「アイラウ、一八〇七年二月九日

私のいとしい友よ、君がこの手紙を読む頃、私が情勢について今は語ることができない事情がわかるだろう。戦闘は二日間続き、われわれは勝利した。私の心は君とともにある。もしアイラウがポーランドに属しているなら、君は自由の国の市民となるだろう。君も私同様、離れていることをつらく思っていますか？　私はそう信じる権利がある。もしそうなら、君はワルシャワに戻るか、または君の城に戻ることを望む、君はあまりに私から遠いところにいる。私を愛しておくれ、いとしいマリー、君の恋人を信じて。　N」

この戦闘の後、パリに帰還せず、ナポレオンはプロイセン北部にあるフィンケンシュタイン城に参謀本部を設営する。ここにマリーを呼び寄せ、冬の農閑期ならぬ、戦閑期を静かに過ごす。マリーは舞踏会や晩餐会で華やかに過ごすより、暖炉のそばで読書や刺繍をするのが好きだ。ナポレオンも自己主張の強くないマリーとの静かな時間を過ごしつつ、新たな情勢展開のための作戦を練っている。

マリーとのことは当時の妻ジョゼフィーヌにも伝わっている。ジョゼフィーヌは不安を覚えて、自分も同伴したいと申し出たらしい。マインツまで来てナポレオンに合流することを望んでいる。一八〇七年一月二五日のナポレオンの手紙は、「(前略) 君のような立場にいる、しかも女性が、疲労や危険に身をさらすのはよくない (後略)」と書き、やんわりと「来るに及ばず」の意思表示をしている。こんなやりとりはナポレオンがパリに戻るまで続くのだ。マリーはそんな裏事情は露知らず、同行を求められれば駆け付け、一緒にいられる間は共に過ごすのだ。

活動を再開したナポレオンは、一八〇七年六月一四日、フリートランドの戦闘に勝利、六月二五日にはニエメン川において、ロシア皇帝アレクサンドルと会談を行う。七月七日、ティルジット和平条約が結ばれ、フランスとロシアは友好国となった。プロイセン王国の領土は一七七二年当時に戻ることとなった。またワルシャワ大公国が創設された。ナポレオンはこれらの戦果を得て、一八〇七年七月二〇日過ぎにパリに凱旋する。一〇か月の間、フランスを留守にしていた。ポーランドに残したマリーが忘れがたく、パリに来るように七月二九日の手紙で書いている。

サン・クルー、一八〇七年七月二九日

「

私のいとしい大切なマリー

祖国を愛する君だから、一年間留守にしたあと、フランスに戻ってきてどんなに私が嬉しいかわかってくれることと思う。この喜びは、もし君がここにいてくれれば完璧なのだが、君は私の心の中にいてくれる。聖母被昇天の祝日は、君の祝日でもあり、私の誕生日でもある。この二重の意味で、この日、私たちの魂は結合する。私が君への望みを書き送っているように、君もきっと手紙を書いていてくれていることと思う。これは第一の願いであり、これからの年月にもっと続くように願おう。

さようなら、わがいとしい友よ。私に会いに来ておくれ。仕事が一段落して君を呼べる自由ができるのももうじきだ。

私の変わらない愛を信じておくれ。　N」

（注・八月一五日は、聖母マリアの被昇天の祝日である。したがって同名のマリーの祝日であり、かつナポレオンの誕生日であるから、それに言及している。）

この手紙のあと、きっとマリーはパリに来たのであろう。ナポレオンは、かつてジョゼフィーヌと新婚生活を送ったヴィクトワール通りに館を購入、マリーを住まわせた。マリーはパリとポーランドを適宜、往来したようである。

一八〇八年は東欧より南欧へ力を注いだ年となった。五月にはマドリードの民衆が蜂起し、エスパニア戦争が始まる。一八〇九年には、再びオーストリアとの関係が悪化し、ナポレオンは五月一三日ウィーン入城、郊外のシェーンブルン宮殿に駐留する。
宮殿の規模は比較にならないが、フィンケンシュタイン城で過ごした日々を思いだし、ナポレオンはマリーをポーランドから呼び寄せる。六月二〇日付の手紙が予告している。

「　　　　　　　　　　　　　　シェーンブルン宮殿、一八〇九年六月二〇日

いとしいマリー、君からの手紙を得て、いつものようにうれしかった。君がクラクフで軍を追いかけたことには賛同しない、と言って、とがめ立てもしない。ポーランドの諸事情はいい落ち着いたが、君の心配は理解できる。私は行動した、その方が君を慰めてばかりよりいいからだ。君は私に感謝していない。私は君の国を愛しているし、君の国の人々の多くがもつ美点を正当に評価するものだ。

戦闘を終わらせるには、ウィーンを占領することに如くものはない。私のいとしい友よ、戦闘を終わらせることができたら、君に会いに行くことにしよう。なぜなら君に会いたくて仕方がない。もしシェーンブルンで会えるなら、その見事な庭を一緒に楽しみ、これまでのいやな日々を忘れることにしよう。

忍耐強くして、大いに信頼をしておくれ。　　　　N」

再び、二人の蜜月が始まる。この宮殿滞在中の八月一五日、ナポレオンは四〇歳の誕生日を迎える。その夜、マリーはナポレオンに最高のお祝いを贈る。妊娠の告白である。

男児誕生

一八一〇年五月四日、マリーはナポレオンの子どもをヴァレヴィス城（ポーランドにある居城）で生む。アレクサンドル・ヴァレフスキーである。このお城はヴァレフスキー家の居城であり、ここでお産をするのは夫アタナーゼの希望であった。ナポレオンの子どもであることは衆知の事実であったが、アタナーゼは自分の子として扱う。そのための布石であった。この夫婦は、マリーとナポレオンの関係が始まって以来、別々の生活を送っていたが、離婚も正式な別居もしていない。

ナポレオンにとっては待望の男児ではあるが、二番目の婚外子であり、その誕生の直前、一八一〇年四月一日、オーストリアの皇女マリー・ルイーズと結婚したばかりであったため、アレクサンドル誕生前に二人の関係は終わらせていた。しかし一八一二年五月五日、ナポレオンは二歳のアレクサンドルに帝国の伯爵位を与え、ナポリ王国の中にその領地を定めた。これはアレクサンドルに一七万フランの年収を約束するものであった（アタナーゼの認知により、ヴァレフスキー家の男児とはなったが、長男ではないため、ポーランドの爵位は相続できない）。

一八一四年四月のナポレオンの退位により、すべては空手形になってしまう。しかしナポレオンは降伏文書に、アレクサンドルのために五万フランの年金を書きこんでいる。さらにはヴィクトワール通り（四八番地）の館をすでに購入し、アレクサンドル名義としている。その母親は使用権を有することになる。またセント・ヘレナ島で書かれた遺言書には、妹の読書係エレオノールの産んだ最初の子レオン伯爵と共に言及されている。ただし二義的な扱いで、レオン伯が遺言を書く年齢に達する前に死亡した場合、ナポレオンの遺贈金はアレクサンドルに与えられるものとする、という記載である。ナポレオンはアレクサンドルが将来、フランスの軍人として父の国に貢献することを望んでいた。

アレクサンドルは声がナポレオンにそっくりだったという。顔はレオン伯の方が父親似だったそうだ。

純愛の人マリー

マリーは別れたあともナポレオンに誠実であった。一八一四年、降伏し、失意のどん底にあるナポレオンをフォンテーヌブロー城に訪れるが、取次いでもらえず、ナポレオンとの対面はかなわなかった。マリーの訪れをあとで知ったナポレオンは残念がったという。しかし、マリーはあくまで誠実に、エルバ島に蟄居中のナポレオンを慰めるため、四歳の息子を伴って訪れる（一八一四年九月一日）。ナポレオンは大変喜ぶが、マリー・ルイーズとナポレオン二世がいつ来るかわからないので、数日で二人を帰らせる（マリー・ルイーズはとうとう来ることはないのだが）。

一八一五年一月一八日、夫のアナターゼが死亡する。ナポレオンはエルバ島、夫は死亡し、マリーは庇護者を失う。一八一五年三月、ナポレオンはパリに戻り、皇帝の座に復位するが、それも一〇〇日天下で終わる。マリーはすべての人に見棄てられたナポレオンを、マルメゾンに訪ねる。ジョゼフィーヌ亡きあとのマルメゾン、喪失感のみのナポレオンはいかに慰められたことだろう。マリーはもしセント・ヘレナ島への同行が認められたなら、一緒に行ったのではないだろうか。

しかし翌一八一六年九月七日、マリーはブリュッセルで、帝政下の伯爵、当時は旅団長、のちに元帥（一八六一年）となる遠縁のフィリップ＝アントワーヌ・ドルナノと結婚する。このドルナノ伯の母はイザベル・ボナパルトといい、ナポレオンの父シャルル・ボナパルトの従妹であった。

マリーは翌一八一七年一二月一一日、三一歳の若さで、産褥の床で死亡する。母亡きあと、アレクサンドル（七歳）はマリーの兄テオドール・ラクジンスキーに託された。

あまりにも純粋なマリーがゆえに、この純愛は長く伝えられている。

マリー・ヴァレフスカの述懐

一八〇七年一月一日に初めて皇帝陛下にお目にかかりました。歓迎の言葉を述べるようにということでしたから、「皇帝陛下、ようこそポーランドへ。心から歓迎申し上げます」と申し上げました。ロシアを追い出してくださるということですし、勇ましい方というので、とても緊張しておりました。でも「どうも歓迎ありがとう」ととても丁寧にお返事くださって、役目を果たせたとほっといたしました。

でもそのあと、その夜の歓迎舞踏会へ出席するようにと、お付きの方から招待状が届いて。どうしようかと迷ったのですが、土地の貴族の方もお招きされていることだし、出席した方がいいとみなさんからお勧めいただいたので出席いたしました。とてもきらびやかでした。皇帝陛下とダンスをいたしました。あまりお上手ではありませんでした。

翌日にはお手紙が届いて、また会いたいとの仰せなのです。もう困ってしまいました。お返事をしませんでしたら、四日にまたお手紙が、そして二人だけで会いたいというお手紙が一二日にきて、もう私はどうしていいのかわからなくなりました。周囲はみな、皇帝陛下のおっしゃる通りにするべきだと。夫すらそのように申しますの。私が会うことがポーランドのためになるというのです。そんな力が私にあるはずはないのに。

二人きりでお会いしました。とてもこわい方と思っていたのですが、お優しくて、私のことを大切に扱ってくださいました。私、皇帝陛下に恋をしてしまいました。それからは夫も息子も放ったままで、皇帝陛下のお召しのままに、フィンケンシュタイン城にも、シェーンブルン宮殿にも、パリにも行きました。

日陰の身であることはあきらめていました。パリ以外の土地でも、ご一緒に外に出ることはしませんでした。でもおそばにいて、身の回りのお世話ができて、とても幸せでした。陛下は胃が弱くていらっしゃったので、ときどき胃痛が起きて、とてもお苦しみになられました。そんな時、私の手を温めて、胃のところにあてて差し上げると、とても気持ちがよいと仰せになって。私は陛下の守護神だとおっしゃるのです。陛下は八月一五日、聖母マリアの被昇天祝日のお生まれでいらっしゃいます。私の洗礼名がマリアですから、そのようにおっしゃったのです。

いつも「余の息子を産んでくれ」と仰せでしたが、なかなか身ごもりませんでした。受胎したのはシェーンブルグ宮殿にいた時でした。私の懐妊をとても喜んでくださったのですが、その頃は後継者を得るため、長く連れ添われたジョゼフィーヌ皇后と離婚を考えておいででした。私はそんな事情に疎かったのですが、私の懐妊が離婚を後押ししたとすれば、皇后様には申し訳ないことでした。

夫が城に戻って産むようにといってくれました。夫もいろいろ状況分析をして、皇帝陛下の認知は受けられそうにないし、また離婚していない以上、私が産む子どもは自分の子どもとしておいた方がいいと考えてくれたのだと思います。

でも陛下もアレクサンドルのことはお考えくださっていました。二歳の時、フランスの伯爵位を下さいましたし、領地としてはナポリ王国の土地を拝領しました。一七万フランの年収が保証されていました。一八一四年一月、情勢が悪化したころのことですが、ナポリの領地が無効になりそうになって、急ぎ五万フランの年収を保証するよう、書類を作ってくださいました。そのほか、ヴィクトワール通り四八番地の館を一三万七五〇〇フランで購入してくださいました。私が安心して使用できるようにとのご配慮でした。

ジョゼフィーヌ様とは何度もお目にかかりました。皇帝陛下がマリー・ルイーズ様とご結婚されたあとです。マルメゾンに息子と共にお訪ねいたしました。陛下に棄てられた女二人、私はジョゼフィーヌ様を裏切ったことになりましたが、そんないきさつは忘れ、お互い理解し合いました。

夫とは離れて、ほとんどパリで過ごしておりました。皇帝とはもう終わっておりましたが、皇帝への感情は変わりません。お慕い申し上げておりました。

一八一四年にご退位になった時、フォンテーヌブローにお訪ねしました。お慰め申し上げたかったのです。でもお目にかかれませんでした。

エルバ島へいらして、とてもご不自由な生活をなさっているということでしたから、息子ともども、うかがいました。喜んでくださいましたが、長くはおりませんでした。というのも、皇后様とナポレオンⅡ世様がいらっしゃるのを待っていらしたので、そこに私たちが長滞在するわけにはいかなかったのです。ですからほんの数日でエルバ島を離れました。もし陛下が望まれたら、喜んで残りましたけど。

一八一五年は大変な年になりました。一月一八日に夫が亡くなりました。一八〇七年一月一日以来、夫と暮らすことはなくなりましたが、長男のアントワーヌを育て、私のことも見守ってくれていました。陛下はエルバ島だし、夫は亡くなるしで、とても心細くなりました。それから二か月後、三月二〇日には陛下がパリに戻られて、復位なさいました。でも陛下は戦争でお忙しく、お目にかかることもできませんでした。六月一八日のワーテルローの戦いで敗北され、マルメゾンへと引きこもられました。ジョゼフィーヌ皇后は前年の五月に亡くなられ、マリー・ルイーズ皇后様もウィーンから戻られず、お一人でお気の毒でした。

私の性格なのでしょう。やっぱりお訪ねせずにはいられませんでした。しみじみとお話いたしました。まさかそれが永久のお別れになるとは!!

セント・ヘレナ島なんて、どこにあるのやら、私は存じませんでした。エルバ島よりは遠いところになるだろうとは思いましたが、あんなに遠いところとは!! おいたわしい陛下!!

一八一六年にドルナノ伯と再婚いたしました。彼は陛下の再従弟にあたります。長男のアントワーヌも次男のアレクサンドルもまだ年少ですから、庇護してもらう男親が必要でした。特にアレクサンドルの立場からいって、王政復古の時代になった時、本当に不安でしたもの。陛下もお許しになったと思います。

コラム3・レジオン・ドヌール勲章

フランス人は勲章の好きな人種といわれている。さまざまな種類の勲章があるが、その中でも叙勲の栄に浴したいのはレジオン・ドヌール勲章だ。これはナポレオンが第一執政の時代（一八〇二年）に創設されたもので、国家に貢献した軍人や市民に与えられる。フランスで最高の勲章となっている。現在では五段階あり上からグラン・クロワ、グラン・トフィシエ、コマンドゥール、オフィシエ、シュバリエと呼ばれる。

いくら勲章が好きでも、勲章を日常的に身につけているわけにはいかない。略章といって、背広の襟に小さな飾りをつける。勲章が大好きな国民だから、その略章をみるだけで、何の勲章のどの位をもらったか、一目瞭然なのだ。名刺にも受けた勲章の名称のみならず、印をいれる人もいる。モーパッサンの短編「勲章」では、フランス人の勲章好きを皮肉っている。

ナポレオンはこの勲章を「おもちゃのようなものだ」と言っている。しかし「人間にはおもちゃが必要なのだ」とも。そのおもちゃが名誉の塊であれば、その価値たるや大きいものがある。幾多の戦争に駆り出された兵士の数は数えきれない。戦死した兵士の数も夥しいものがある。年金の形で支給される報奨金も数が多すぎれば、国庫の負担になる。それをカバーしたのが勲章の授与であった。お金を伴わなくても、勲章で名誉の死として扱われた満足感を与えることができるのだ。ナポレオンはその心理をうまく利用した。この勲章は、王政復古の間に一時、授与が休止したものの、ルイ・フィリップが再採用し、今日まで続いている。パリのオルセー美術館の入り口の向かい側には、レジオン・ドヌール博物館がある。

第4章　二番目の妻マリー・ルイーズ

――オーストリア皇女、フランス皇后からパルマ公国女王へ

1　オーストリア皇女からフランス皇后へ

マリー・ルイーズは一七九一年一二月一二日、ウィーンのホフブルグ宮殿で生まれた。ナポレオンと二二歳の年齢差がある。名前はマリー・ルイーズ、レオポルディーヌ・カロリーヌ・フランソワーズ・テレーズ・ジョゼーフ・ルシーとなっているが、ナポレオンは結婚後もマリー・ルイーズあるいはルイーズと呼び、デジレをユージェニー、ローズをジョゼフィーヌと彼風の呼び方に変えた先例は踏まなかった（ドイツ語ではマリア・ルイザ・ルドヴィカ・レオポルディーナ・フランツィスカ・テレジア・ヨーゼファとなり、誕生日の聖人名ルシアが付け加えられた）。

父はオーストリア帝国のフランツ皇帝、母はナポリ王家出身のマリア・テレジア（同名の女帝の孫娘）である。マリー・ルイーズは父二四歳、母一九歳の時に生まれた第一子にあたる。母マリア・テレジアは一八〇七年、三三歳の若さで亡くなったが、夫との間に一三人の子どもをなした。祖父は神聖ローマ帝国のレオポルドII世で、マリー・アントワネットの兄にあたる。マリー・ルイーズ誕生から三月足らずの一七九二年三月一日、祖父が死亡し、父がその位を継承、神聖ローマ帝国フランツII世となる。しかし、フランスとの戦いに負け続け、一八〇六年、神聖ローマ帝国は崩壊する。領地はオーストリアのみとなり、オーストリア帝国フランツI世と呼ばれることとなった。父と母は従兄妹同士であった。

マリー・ルイーズはオーストリアの女帝であったマリア・テレジアの曾孫であり、フランス王妃となったマリー・アントワネットは大叔母にあたる。

マリー・ルイーズの幼少時から、オーストリアは敗戦の連続でたびたびウィーンから逃げざるを得なかった。領土は割譲され、果てには一八〇六年に神聖ローマ帝国は解体され、ハプスブルグ家は単なる一王家に過ぎなくなった。そうなった原因はフランスの将軍ナポレオンであり、マリー・ルイーズは幼少時、木製の兵隊人形の一つにボナパルトと名づけ、針で刺したり、最後には暖炉にくべるといったこともしていたという。

父親の称号が、「神聖ローマ帝国皇帝」から単なる「オーストリア皇帝」となっても、伝統あるハプスブルグ家の皇帝の長女として、年頃になれば、しかるべきヨーロッパの王室のだれかに嫁ぐ運命であることは承知していた。しかし、それが父親の仇敵で憎んでも憎み切れないと思っていたナポレオンになるとは!!

仏・墺カップル誕生のいきさつ

フランスでは、ナポレオンが一八〇四年五月、世襲制の皇帝に選ばれた。しかし皇后ジョゼフィーヌとの間に子どもが生まれず、後継者の問題で悩んでいた。ナポレオンは最初は不妊の原因が自分にあるのではと疑っていたが、一八〇六年にレオン伯シャルル（第六章後記）が生まれ、生殖能力はあることを証明した。自分が創設した帝国ではあるが、これを継続させるには、高貴な血を、伝統のある王室の血を入れる必要があると考え、ナポレオンはジョゼフィーヌとの離婚、そしてしかるべき王室の王女との結婚を考える。幾多の候補者が挙げられたが、その中でもロシア、オーストリア、ザクセンの王女たちが有力であった。

ロシアのアレクサンドル皇帝の妹アンナ皇女、オーストリアのマリー・ルイーズ皇女、ザクセンの王女である。アンナ皇女は一五歳でまだ初潮を迎えておらず、結婚しても子どもを得るまでに二、三年は待たねばならないであろうという情報があった（皇女とはいえ、一人の女性の初潮の有無が国家間の情報として取り扱われる時代であった）。マリー・ルイーズは一八歳、多産で有名なハプスブルグ家である。彼女自身一三人の兄弟姉妹の一人であるし、先祖には一七人、さらには二六人の子持ちもいた。一人の母親からしてみれば、ギネスブックの記録ものである。「余に必要なのはその子宮だ！」とナポレオンが叫んだというのもむべなるかなである。

こうしてオーストリア皇女のマリー・ルイーズに白羽の矢が立てられた。一八歳のマリー・ルイーズには、すでにそれとなく想いを寄せる相手もいた。しかし国益を優先させる父親の決定には従う。父親っ子のマリー・ルイーズは、運命を甘受する。二二歳年長のナポレオンとしつくりいったこと、またのちのナイペルグ伯（一六歳年長）やボンベル伯（七歳年長）との再婚、再再婚を見ても、年長者への依存心が強いことがわかる。

結婚への経緯

一八一〇年一月二八日、チュイルリー宮にジョゼフィーヌとの離婚時と同じメンバーが集められる。今度は花嫁を決める会議だ。ここで正式にフランス皇后として、オーストリア皇女マリー・ルイーズが最適候補者であることが決まる。

二月一五日、オーストリアではメッテルニヒ外相がマリー・ルイーズに対し、ナポレオンのプロポーズがあったことを公式に伝えた。マリー・ルイーズがこの求婚をどう考えるかは問題ではない。受諾に決まっているのだ。しかしそうは言っても、受諾の返事を出す前に結婚契約書が届けられたのには驚きだ。契約書は双方が話し合って、細部を決めることになる。片やフランス人民の皇帝、もう一人は元神聖ローマ帝国、オーストリア皇帝の息女の結婚なのに、そうスピーディに運ばれては、その辺の商人の娘扱いではないか。オーストリア側は憤るが、それかといって、この縁談をやめるわけにはいかない。

ナポレオンは二月二十六日、最初の手紙を書いている。

「わが妹よ、あなたがどんなに完璧な方かということを知りました。あなたが今私に寄せてくださるすべての信頼は、私にとってとても貴重です。そのことを速やかにあなたに申し上げたいと思いました。わが民衆が賛美することになろうあなたの美点やお人柄について、いたるところで語られているのを聞いて、私が何を感じているか、あなたはお気づきでしょうか？　私についていえば、マダム、私自身、私の名誉、私の希望、そして私の心を占めている満ち溢れる愛情を以って、あなたの足元にひれ伏すことを望んでいます。もし皇女殿下の幸福が、私の愛情の真実性に左右されるものなら、殿下より以上に幸せになれる人はだれもいないでしょう。この考えは私を微笑ませ、優しい気持ちにさせます。

あなたのよき兄より、ナポレオン」

最初のラブレターとしては、固い表現だが、婚約が調ったばかりの皇女宛てだから常套的な表現を使うのもやむを得ないだろう。

三月五日、ベルチエ元帥、ヌシャテル大公が特使としてウィーンに到着する。八日、ホフブルグ宮殿でのセレモニーの中で、フランツ皇帝に対し、正式にナポレオン皇帝に代わり、皇女マリー・ルイーズの御手をいただきたい（求婚の言葉）と願い出る。そののち、三月一一日、ナポレオンのかわりにフランツ皇帝の弟カール大公が花婿役をつとめ、ウィーンでの結婚式は執り行われる。これらの手続きを待ちかねて、ナポレオンは次の手紙を送る。

「オーストリア皇女マリー・ルイーズへ、　　　　（一八一〇年）三月一日

マダム、

この手紙は私たちの結婚を祝ったあとにあなたのもとに届くでしょう。ウィーンから届くすべての書簡は、あなたの美点を賛美とともに語っています。陛下のそばにはべりたい気持ちは極限にまで達しております。自分の心に正直なら、全速力で出発し、私がパリを出発したことが知れる前に、あなたのおひざ元にいることでしょう。でもそれはできないことです。ヌシャテル大公が旅行中あなたのお世話をするでしょう。私の妹のカロリーヌがあなたのお伴をしたがっています。友情を以って迎えてください。彼女は私ととても仲がいいのです。私は一つの考えしか持っていません。その考えとは、あなたをいかに快適にして差し上げたらいいかということです。あなたを喜ばせること、マダム、それが私の人生の、常に頭から離れない、そしてもっとも甘美な仕事なのです。ナポレオン」

（マダムという呼びかけは、皇妃、皇太后クラスへのもの。陛下と呼びかけているのはこの手紙が着く頃には、すでに結婚式を挙げているものとして、皇后の位を想定してのことであろう。）

待ちかねている気持ちがよく伝わってくる手紙である。フランスへの出発の日は一八一〇年三月一三日、代理結婚式の二日後だ。何もかもが性急に進行していく。

マリー・ルイーズの述懐（1）――仇敵に嫁いで

フランス皇帝がジョゼフィーヌ皇后を離婚されたというニュースは、おつきの者から知らされました。でもまさか、その後釜に私が据えられるとは、考えもしませんでした。父君からお話があった時、耳を疑いました。敗戦が続きすぎて、父君の神経がおかしくなられたのかしら、とも思いました。「刺客として寝首を掻く」役目でもお与えになるのかしら、と。でもいくら政略結婚でも、そこまで極端なことはないはずでしょう。それはあり得ないとわかりましたけど。でも、昨日まで、いえ、今の今まで敵とみなしていた男に嫁げなんて、ひどいお話です。

父君の仰せですから。いやとはいえません。皇女に生まれた者の宿命です。正式な求婚の使者がきたら、もう話の進行の早いこと、あっという間に結婚式でした。カール叔父さまがナポレオン皇帝の代理ということで、三月一一日、アウグスティーナ教会で行われました。マリー・アントワネット大叔母様のことは考えました。フランス王妃になられて、あんな悲惨な最期をお迎えになったのですもの。私は幼くて何もわかりませんでしたが、まだ二〇年も経っていませんし、ウィーンの宮廷では語り継がれています（マリー・アントワネットの処刑は一七九三年一〇月一六日）。私もその二の舞になるのでは、と心配する者もおりますが、これから嫁ぐ私にとっては杞憂というものです。一九歳で皇后となることについて、別に気負いや怖れはありません。私は神聖ローマ帝国の長女でした。家格に見劣りはありません。

ナポレオン皇帝の肖像画は、使者の方から受け取りました。これまでオーストリアの新聞でカリカチュアされた画しか見ていなかったので、初めて見て、ご立派な方だと思いました。

2　皇帝現る

花嫁行列

花嫁御寮の一行は、マリー・アントワネットと同じコースでフランスへと進む。その宿泊所へは行く先々に手紙と花束が待ちうけている。その一通は一八一〇年三月二〇日の日付だ。

「マダム、

あなたの肖像画を受け取りました。オーストリア皇后が私にそれを下さいました。私はそこに美しい魂の徴を見るように思います。

マダム、あなたは、すべての前にあなたの幸せを考え、あなたの信頼とあなたの愛情に基づいた時だけ諸権利が得られると考える夫を愛されるでしょう。あなたはフランスの近くまでいらしたようですね。あなたをあまたの忍耐を以ってお待ちしております。

ナポレオン」

この手紙は短いが、次に二通、三月二三日付の手紙が届けられる。その一通目は、

「マダム、

あなたの一八日付の手紙を受け取りました。陛下が不便を忍ばれたことを知り、私は胸が痛みました。私にとってかくも貴重な健康を、どうかくれぐれもお大切になさってください。

マダム、あなたの健康はもうあなただけのものではありません。なぜなら、私の幸福は、あなたが健康でいらっしゃることによるのです。カロリーヌは、私の心をもっとも甘い感情で満たす魅惑的な事実を知らせてきました。

私は昨日、とても素晴らしい猟をしました。しかしながら、私には無意味に思えました。あなたにあらざるものは、私には興味がありません。あなたをここに迎えることができれば、私には欠けるものがないように思われます。

この手紙は、あなたのご旅行中、ナンシー総督に任じた騎馬隊長イストリー元帥を通じてあなたへ届けられます。(墺)皇帝の侍従が、とても好もしいウィーンからの手紙を届けてまいりました。あなたを得た幸せを感謝するため、あなたにお目にかかったあとに返事をするつもりです。ルイーズ、あなたは常に私の甘い感情の対象です。あなたの足元に一〇〇〇の尊敬をささげ、あなたの魅力的な御手に甘い接吻を。」

と書き、陛下という呼びかけと共に、後半ではルイーズを名前で呼ぶ親しさを見せている。

同日付けの二通目は、

「マダム、
あなたがフランス人の侍女だけに取り巻かれた形でわが民衆の前に姿を現そうと、あなたに随従してきた女官長を辞めさせられたとのことを知りました。私はそのことを是認し、深く感謝するものですが、とても悲しく思っております。この新たな犠牲は、あなたの父君や家族との別れという犠牲の上に加わり、あなたの心をさらに痛ませたことと思います。しかし、マダム、このことであなたの夫を恨まないでください。必然的に生じるこの辛い瞬間からあなたを救いだすことは、彼の力の及ぶところではないのです。私が愛情に欠け、私の力でできる時でも、あなたの悲しみを免れさせることをしない、とお考えなら、私は心穏やかではいられないでしょう。このことについて、私に一言、書いていただけませんか？　私はあなたのお気持ちを害したのではないかと惧れ、ひどく悲しんでいます。私の心は、あなたのすべての犠牲を理解していることを信じてください。私の愛情、私の変わらぬ優しい友情とで、あなたの犠牲を償うことができるものなら、あなたの願うことでかなえられないことは一つもないでしょう。ウィーンからきたラボルドは私に、あなたがサン・ポルタン以来、よく泣かれていたと申しました。あなたはまたミュンヘンでも憂いに沈んでいらしたとか。このことは私を苦しめます。なぜなら、私はルイーズがそのお人柄同様、穏やかな、美しいそして心地よい日々を過ごされることのみを願っているからです。カロリーヌは私に、あなたが私をどうすれば幸せにできるか、とても知りたがっていらっしゃると知らせてまいりました。その秘密を私自身で明かしましょう。マダム、あなたには簡単にみえるでしょうが、これこそ真実なのです。私たちの結婚で真実幸せであってください。苦痛に負けそうな時、また悲しいことがある時には、ご自身でこうおっしゃってください。皇帝はさぞお悲しみになられるだろう、皇帝のご満足とお幸せはルイーズの幸福にのみかかっているのだからと。

あなたのナポレオン」

三月一六日、国境の町で、マリー・ルイーズがオーストリア側からフランス側に入るセレモニーがある。今回はブラウナウで、ナポレオンがフランス領として併合した領域になる。ここでオーストリアの随員は帰り、フランスからの随員に囲まれることになる。マリー・アントワネットの時には、本当に彼女一人きりになったのだが、今回、ナポレオンは女官長として一人残すことを認めていた。ところがその許可が徹底しておらず、ごたごたが生じて、結局、ウィーンに戻っていってしまう。そのことを知って、ナポレオンは弁明の手紙を書く。これが結婚前の最後の手紙である。

花婿ナポレオン

ナポレオンは花嫁の輿入れをコンピエーニュの城で待っていた。年の差を気にして、若い花嫁に向けた若作り工作を試みている。禁煙を志したり、伊達男で名の通っているミュラにならった衣装をあつらえたり、ダンスのレッスンまで受ける。新婦とウインナワルツを踊るつもりなのだ。しかし、一行の到着を待ち切れずに三月二七日、自ら迎えにいくことにする。同行するのはナポリ王となっているミュラ元帥（カロリーヌの夫）だけだ。篠突く雨の中、花嫁の乗った馬車にずぶぬれの男が乗り込む。「陛下です」という随員の一言で、花嫁は夫となるべき男が現れたことを知る。

二人の初対面の印象はどうだったろう。お互いに肖像画を贈り合っている。四〇歳のナポレオンは一六五センチで、小太りならぬ大太りになっていた。足も短く、腹も出ている。ずんぐり・むっくりタイプで、決してカッコイイ男ではない。しかし、眼光の鋭さや堂々とした挙措はさすが皇帝である。

片やマリー・ルイーズは一七六センチもある大柄な女性だ。まだ一九歳だから、ほっそりしている。天然痘のあとはあるものの、水色の瞳は優しい雰囲気を与え、皇女育ちの品がある。唇は少し厚ぼったい。マリー・アントワネットのような華やかさはない。

儀式ばらない突然の出現は、かえってマリー・ルイーズの好感を得たようだ。恐ろしい皇帝に嫁ぐという気持ちが瞬時に消え、一瞬も早く会いたいというナポレオンの気持ちが伝わってきた。たびたびの手紙も花束も、皇女の気持ちをほだしていた。狭い馬車の中で、ぴったりと寄り添い、「ようこそフランスへ」といって抱きしめてくる夫に素直に身を預けるマリー・ルイーズであった。

初夜は会ったその日に

式典の準備が整ったコンピエーニュの城には夜の九時半に到着した。儀典係が準備した式次第は大幅に変更される。華麗な公式晩餐会はシンプルな夕食会になり、皇族（ナポレオンの兄弟姉妹）の紹介も簡単にすまされる。それでも、ハプニング続きの一日に、マリー・ルイーズはくたくたに疲れている。皇妃用の部屋に案内され、ようやくくつろぐことができた。

ところが、夜中にまた闖入者がある。ナポレオンが現れたのだ。侍女たちも相手が皇帝では妨げることはできない。実質的な結婚がその夜に挙げられた。

正式な結婚式は四月一日に予定されている。しかしナポレオンはウィーンで行われた結婚式で、二人はもう夫婦になっているという論理での行動だ。こんなことが許されるのか。オーストリアの大使はこの軽々しい扱いにかんかんだが、その事実を正直にウィーンに報告はできない。フランス側も唖然としているが、皇帝をたしなめるものはいない。何よりも、マリー・ルイーズがこれらの行為を素直に受け入れてしまっている。ナポレオンは正真正銘の処女との結婚に、すっかり感激している。

三月二九日、新郎・新婦は仲睦まじく手を握り合って、同じ馬車に乗り、サン・クルー宮殿へと進む。全皇族、侍者たち、警護の兵士、大行列が進む。

四月一日にはパリ郊外のサン・クルー宮殿で、フランスにおける民事婚が行われる。登記係として、カンバセレス大法官が付く。証人たちは、ボナパルト家の面々だ。これで一応正式な結婚成立だが、カトリック教徒であるマリー・ルイーズには大切な宗教上の聖別を受けなければ、結婚成立とはいえない。

翌四月二日、一行はパリへ入城する。結婚聖別のミサは、ルーヴル宮殿内にしつらえられたチャペルで執り行われた。前妻ジョゼフィーヌとの結婚・離婚の正当性はここでは問題にすらされない。

これにて、コルシカの貴族ボナパルト家出身のナポレオンは、神聖ローマ帝国の後裔、偉大な女帝マリア・テレジアの曾孫、オーストリア帝国フランツ皇帝の息女、ルイ一六世とマリー・アントワネットの姪の子と結婚したのだ。これ以降、ルイ一六世は姻戚の一人となり、彼について言及する時、「かわいそうな大叔父」と呼べる権利を得る。

四月一日に結婚したナポレオンは、五月四日にポーランドでマリー・ヴァレフスカが男児を出産したことを知る。彼にとっては二人目の婚外子だ。しかし、彼の必要とするのは、正妻から生まれてくる嫡男子だけである。

甘い新婚生活

新婚生活はパリではなく、田園地帯にあるパリ郊外のコンピエーニュやサン・クルーの宮殿で過ごす。若い妻との生活は、何事につけても新鮮で、楽しい。絵や音楽の勉強は特別の教師をつけるが、乗馬や狩猟はナポレオン自身が先生役だ。待つということを嫌うナポレオンだが、マリー・ルイーズに対しては辛抱強く接する。

一八一〇年四月二七日、ナポレオンはマリー・ルイーズを伴って、オランダとベルギーに出かける。新婚旅行にしては大がかりだし、強行軍だ。同行者を見ても、妹のカロリーヌ、ウェストファリア王国のフェルディナンド夫妻、ウージェーヌ・イタリア副王、という親族のほか、シュワルツェンベルグ墺大使、メッテルニヒ墺外相までいる。アントワープ、ブレダ、ベルゲン、ミッデルブルグ、ヘント、ブルージュ、オステンド、ダンケルク、リール、ルアーヴル、ルーアン、各都市で歓迎の宴が行われる。泥道を馬車で行く行程に疲れたマリー・ルイーズは、歓迎の辞を述べる名士たちにも素っ気ない態度をとる。ジョゼフィーヌはこうではなかった、とナポレオンはつい比較してしまう。マリー・ルイーズも、軍隊の行軍にも似た旅程にうんざりしている。こんなの新婚旅行とはいえないわという不満から、夫に笑顔も見せられないでいる。双方、感情の齟齬を抱きつつ、六月二日、ようやくサン・クルーに戻ってくる。

マリー・ルイーズの述懐（2）――慌ただしい新婚生活

結婚の話が出てから、もう毎日が怒涛に呑まれたようなものでした。皇帝陛下が待たれているはずのコンピエーニュに到着する前に、陛下が馬車に闖入なさったことは、それはびっくりいたしました。何がなんだかわからないけれど、肖像画で拝見したお姿が側にあるのですもの。でも初めてのことですから、私の知っている宮廷作法にはありませんが、考える間もなくそんなものだと受け入れてしまいました。サン・クルー宮殿での結婚式の前に床を共にしたことも、拒否できるはずはありません。お手紙で、待ちかねていると何度も書いてくださっていましたから、そのお気持ちの表れだと、素直に受け止めました。それにとても優しくしてくださいましたので、結婚するということがこんな素晴らしいこととは思いもよりませんでした。陛下をこわい方と思っていたことが嘘のようでした。

毎日、儀式や知らない方たちとのごあいさつが続き、いくらか予備知識は持っておりましたが、陛下のご兄弟だって多いし、混乱しました。宮廷作法はウィーンのそれとは違いました。こちらの方がより儀式ばっているように思いました。新興の皇朝だから、皇族の方も、帝国貴族（ナポレオンにより貴族の地位を与えられたもの）も、作法をきちんと守られていたように拝見しました。

陛下はとても魅力的なお方です。優しく気を配ってくださいます。初めは一日中ご一緒でしたが、それではお仕事がおできにならないから、私が一人でできるものについては、一人ですることにいたしました。たとえば絵を描いたり、音楽のレッスンなどです。でも散歩や乗馬はご一緒いたします。朝と昼のお食事も別々、私は女性の皇族や大使夫人などといただいたりしました。夕食はほとんどご一緒にいただいて、そのあと、オペラや演劇を鑑賞いたします。時には陛下は私の手を握って、こっそりいたずらもなさったり。お茶目な面もおありでした。私に対してだけでしょうが。

旅行はとても大変でしたが、初めて国外での陛下のフランス皇帝ぶりを拝見しました。出発前、私は少人数で、フランスやベルギーの町々を親善訪問するのだと思っていたのに、皇族方やヨーロッパの王家、加えてオーストリアのメッテルニヒ外相までいる混成集団で馬車を連ねての旅でした。道は悪いし、泥やほこりで苦しめられ、途中の休憩もなく、強行軍でした。次の目的地に着くとすぐに歓迎式典があり、陛下は別人のようにいかめしくてこわいほどでした。陛下にふさわしい皇妃としての振る舞いができたかどうか不安でしたが、疲れ果てて、何も考えられない状態でした。愛想が悪いという評判は存じません。私はできることはしましたもの。初めての旅行で、陛下とご一緒の旅行はもうまっぴらごめんと思いました。

3　後継者誕生

皇后、懐妊そして出産

新婦に妊娠の兆しが見えたのは秋になってからだ。ナポレオンは驚喜する。義父フランツ皇帝へ、公式に懐妊を知らせる。

「私は皇帝陛下のご息女が懐妊なさったという知らせを送るため、近従を一人派遣いたしました。もう妊娠五か月になられます。皇后は大変ご健康で、いかなる不具合も認められません。陛下がわれわれにお示しになるご関心をすべて承知しておりますので、このお知らせはきっとお喜びいただけるものと存じます。陛下から賜りました女性以上に完璧な方はいません。また、私たち二人とも、陛下をお愛し申し上げていることをお信じいただきたく存じます。」

一八一一年はスタートした。例年のごとく寒く、雨の多い年初だった。昨年の秋懐妊がわかって以来、すべては出産に向けて進行する。三月一九日の夜八時、ナポレオンは観劇のためチュイルリー宮殿の劇場にいる。ヴュルツブルグ（旧称バイエルン、一八〇六年フェルディナンド二世のため、ヴュルツブルグ大公国とした）大公とウージェーヌがいる。彼らは出産の証人となるため、パリに到着したばかりである。そこに、マリー・ルイーズの女官長モンテベッロ夫人が現れ、皇妃は最初の陣痛を感じられていると報告する。ナポレオンはすべての親族、閣僚、高官たちに礼装着用の上、集合することを命じる。それらの人たちが出産に立ち会うことは、ヨーロッパ宮廷のしきたりなのだ。二〇〇人以上がサロンに集まる。

難産の末に

ナポレオンが出産に立ち会うのはもちろん初めてだ。産室には六人の医師が控えている。ナポレオンはマリー・ルイーズの腕をとり、支え、ゆっくりと小さな歩幅で室内を歩く。こうした夫の心配りで妊婦の神経は安らいでいく。疲れを覚え、ベッドに横たわり、まどろむ妻を静かにそばで見守る。この夜のうちに出産はなさそうだ。ナポレオンは産室から出て、多くの人が待機しているサロンを通り過ぎる。みな、うつらうつらうつらうたたね中だ。夜食を出すように命じ、ナポレオンは熱い風呂に入る。二〇日朝八時、デュボワ医師が駆け込んでくる。顔色が真っ青だ。悪い知らせを持ってきている。「母子の状態は非常に悪い、陛下には皇后のそばにいていただきたい。」もごもごという言葉が聞き取れない。「はっきりいいなさい。」「陛下、鉄の鉗子を使う必要があります。」デュボワ医師はすでに鉗子を使っての出産経験はあった。「どういうふうにしたいのかね。私にはわからないが、ほかの産婦にするようにしなさい。両手を使って、勇気を持って。」ナポレオンは医師の肩をたたき、励まして部屋の外へと押しやった。「皇后の出産をしているとは思わず、サン・ドニ街のブルジョワの奥さんの出産をしていると思えばいいのだ。」産室に入り、医師はつぶやく。「皇帝のご許可をいただいた。鉗子を使おう。」しかしためらいもある。「母と子のどちらかを選べということになりましたら?」ナポレオンは即答する。「母だ、彼女には救われる権利がある。」

もうマリー・ルイーズが助かっても、子どもを望めないかもしれない。あんなに嫡子をほしがっていたのに不可能になるかもしれない。ナポレオンは、苦痛に叫び、身をよじるマリー・ルイーズの手を握る。コルヴィサールなどの医師団が産婦に近づく。ナポレオンは無力な傍観者として部屋にいたくない。とはいえ、妻を励ます以外は無力の存在だ。汗が額、首、いたるところからにじみ出てくる。大声で叫びたくなる。

ナポレオンがたまりかねてトイレに隠れている間に、出産はすむ。赤ん坊は横たわり、動かない。産声も聞こえない。死産だったのか。マリー・ルイーズの手をとり、抱きしめる。もう子どもを持てないだろう。

嬰児は暖かい産着にくるまれモンテスキュー夫人の膝上に抱えられていた。夫人は嬰児の口に数滴のブランデーをたらした。赤子は泣き声をあげた。

一八一一年三月二〇日午前九時のことであった。祝砲が打ち上げられた。二一発目で民衆は皇女の誕生と思ったが、引き続き二二発目が鳴った。「ローマ王の誕生だ!!」ナポレオンは出生証明書に署名をした。名前はナポレオン・フランソワ・ジョゼフ・シャルルとつけられた（順に、父、母方祖父、父方伯父、母方伯父、父方祖父の名前をもらっている）。

生まれたばかりの嬰児にブランデー、正確には度の強い蒸留酒だが、それを与えたと記録にあるが、実際あり得るのだろうか。七分ほど仮死状態にあったというが、それでもそのあと正常に育つだろうか。ちなみに皇女の誕生の場合は、ヴィエンナ公女と呼ばれることになっていた（サン・ドニ街のブルジョワ夫人と同様に、という表現、生まれたばかりの嬰児にブランデーを飲ませたという逸話は、ナポレオン伝記でよく見るが、果たして真実なのだろうか）。

ナポレオンは直ちに義父宛てに手紙を書く。

「皇后はお産の痛みで大変弱っていますが、出産にいたるまで、今まで以上の勇気を示されました。子は大変元気です。皇后も同じく元気です。彼女はすでに少し眠られ、いくらか食事もとられました。今晩八時に、子は略式洗礼を受けます。六週間うちに正式な洗礼を受けさせるつもりですが、私の侍従長のニコライ伯爵に陛下へのこの手紙を預けます。また、あなたにとって孫息子の代父（カトリックでは、生まれて間もない時期に洗礼を受けさせる。親の代わりになる宗教上の父・母を親族や友人の中から選んで依頼していた。代父、代母は強力な保護者となる）になっていただきますよう、お願いするもう一通の手紙も持参いたします。」

「陛下は、この慶事に私が満足し、私たちを結びつけている関係はより強固になり、永遠に続くだろうことをお疑いにならないでしょう。」

ナポレオンは、ハプスブルグ家の血をひく息子の誕生で、ボナパルト皇朝として確立したことを疑わなかった。この子がナポレオン二世となる代までに、ロシアのウラルからスペイン南端のジブラルタルまで、フランスの勢力圏を拡大させるつもりだ。

洗礼は六月九日、ノートルダム寺院で、代母は皇太后レティツィア、代父はフランツ皇帝で行われた。

皇帝家の子育て

マリー・ルイーズは息子に授乳しただろうか。それはない。出産前から乳母が選ばれ、待機していた。塚本哲也著『マリー・ルイーゼ』によると、マリー・ヴィクトワール・オーシャールという二四歳の女性で、パリのワイン商人の妻であったという。乳母は乳を与えるだけ、養育については、一八一〇年一〇月一日、ジュネーヴにいるジョゼフィーヌ宛ての手紙に、「モンテスキュー夫人を、フランス王子・王女の教育係に任命する」とある。この教育係あるいは傅《ふ》育《いく》係というべきか、グーヴェルナント(gouvernante)と呼ばれる存在で、嬰児の段階から母親に代わって、乳を与えること以外はすべて責任を負う。モンテスキュー夫人の夫は正式にはモンテスキュー=フェザンサック伯爵で、アンシャン・レジームでの名家である。夫は革命時、追放あるいは逮捕を免れ、田舎で隠遁生活を送っていた。しかしその後、ナポレオンの戴冠式に出席し、議会に席を得た。一八一〇年、タレーランに代わって侍従長に就任した。妻はローマ王の傅育係と、夫婦そろって、ナポレオンの側近中の側近となったわけである。

モンテスキュー夫人は、ナポレオン退位後、マリー・ルイーズ、ローマ王と共にウィーンに行った。変わらずローマ王の傅育につとめたが、フランツ皇帝の意向で、ローマ王四歳の時に、引き離されてしまう。実の母親が湯治に出かけたりしても、ローマ王が無事に育っていったのは、この傅育係のおかげだった。四歳を境に、シェーンブルン宮殿から市内のホフブルグ宮殿に移し、教育係もオーストリア人男性とした。あらためてローマ王ではなく、ハプスブルグ家の血を引くフランツとしての生活となる。

マリー・ルイーズの述懐（3）——後継ぎの出産

出産は本当に難産でした。逆子だったそうです。健康には自信がありましたので、こんなに難産になるとは、思いもしませんでした。お母様はこんな経験を一三回もなさったのかしらとあとで思いました。お母様がそばにいらしてくださったら、と恋しく思いました。

陛下が母子のどちらかを救うとなったら、母親をとおっしゃってくださったことについてはとても感激しました。私は後継ぎを産むことを期待されて嫁いできたことは承知しております。ですから、子どもを助けろとおっしゃるものだと思っておりました。なかなか産道をおりなくて苦しんでいる間も、ずっと手を握ってくださって、「しっかりしなさい、愛しているよ。」と励ましてくださったのは、とてもとてもうれしゅうございました。子を産む道具として扱われず、愛されているという実感、女冥利ですわね。

ローマ王が生まれてすぐ泣き声をあげなくて、死産だと思われていたことは知りませんでした。私の方が死にそうだったのです。気がついた時、陛下が「ローマ王の誕生だよ。ルイーズ、息子だよ」と何度も耳元でおっしゃってくださったので、男児を産んだことがわかりました。ほっとしました。うれしかったですわ。これで勝った!! とも思いました。だれに対して勝ったかですか。それはもちろんジョゼフィーヌ前皇后でもあるし、ボナパルト家の皆様に対してでもあるし、宮廷全体に対しても勝ったと思いました。

産後の肥立ちが悪くて、体がいうことを聞きませんでした。気力も体力もなくなるし、お祝いを受けるのもやっとでした。乳母は決まっていましたし、授乳がないのはいいのですが、乳房が張って、気分が悪くなりましたわ。陛下はローマ王のことを、自分に似ているとおっしゃって、それはお喜びでした。でも私は体つきはハプスブルグの血が濃いと思いました。モンテスキュー夫人は陛下が選んだ傅育係ですから、私は文句の言いようがありません。とても献身的に仕えてくれました。自分の子どもは放ってのことですもの。陛下のご希望通りの子どもに育てようとなさったと思います。結局、私とローマ王についてウィーンまで来てくれましたし、本当によくやってくれました。

父君も喜んでくださいました。初孫ですし、代父にもなってくださいました。一つの保証と思いました。この子の誕生で、ナポレオンの血統もヨーロッパの王室の一員になれたのだと。でもそうではありませんでしたわね。

4　若妻マリー・ルイーズ

現皇后 対 前皇后

マリー・ルイーズはジョゼフィーヌに対し、どんな感情を持っていたのだろうか。結婚した時は一九歳、それまで深窓の姫君として、厳しく男性を避けた環境に育った。ほのかに心傾けた王子（モデナ公国のフランツ皇太子）もいたが、ナポレオンとの結婚が急に決まり、はかない初恋で終わらざるを得なかった。では嫉妬といったどろどろした感情に縁はなかったかといえば、ナポレオンと結婚して、ジョゼフィーヌの存在を知ると、そうさっぱりしてはいられない。ジョゼフィーヌは二八歳も年上だから、ほとんど母親の年齢だが、ナポレオンがジョゼフィーヌを嫌いになって離婚したわけではないことを知っている。知らなければ嫉妬の感情も生まれないが、チュイルリー、サン・クルー、コンピエーニュ、どこの宮殿でも何かしら、ジョゼフィーヌの残影がある。居室はマリー・ルイーズの好みに改装されているが、宮殿のほかの部分に、たしかにジョゼフィーヌの名残がある。面と向かって、ジョゼフィーヌに触れる人はいない。しかし、侍女や侍臣たちの会話の中に、あるいは義妹カロリーヌ、オランダ王妃オルタンスなどの会話の中に、おやっと思うほのめかしが感じられる。特に義妹カロリーヌは陰湿だ。そもそもが陰謀好きときているから、何気なしにジョゼフィーヌと比較したようなことをいっている。オルタンスは自分の母親のことであるし、謙虚にしているが、オルタンスの存在自体がジョゼフィーヌの代理みたいなものだ。

三〇歳近く年上の前妻に嫉妬することもないではないか、というと、女心を無視している。マリー・ルイーズにとって、ナポレオンは最初の男性だし、夫として愛している。愛する男の心は独占したい。オーストリアではフランスと違い、夫婦は互いに愛し、貞節でなければならない、という倫理観で育ってきた。夫のほかに愛人を持っているカロリーヌやオルタンスの感覚は理解できない。ナポレオンは優しいけれど、自分だけに集中しているわけではないことがわかる。寝室は別だ。これには室温の問題が大きい。ナポレオンは暖かい部屋で寝るのが好きだ。それに反して、マリー・ルイーズは寒いところで育ったためか、どんなに寒くても窓を開けて眠る習慣がある。お互いに妥協がないため、夫婦別室となった。またナポレオンの軍人としての習慣から、睡眠時間も短い。時間があると、ナポレオンは歌のレッスンをしたり、絵を描いたりしているマリー・ルイーズの部屋を覗いたりすることもある。一緒に庭の散歩を楽しむこともある。このように細やかな配慮をみせているが、ナポレオンは身勝手な行動もとる。ジョゼフィーヌに事あるごとに手紙を書き、自分の気持ちは変わらないと繰り返し述べている。さらには、マルメゾンに会いに行ったりしている。

若い、オーストリア皇女との結婚で、ナポレオンが新妻に気を遣いすぎ、軍事的判断を誤ったという説もある。マリー・ルイーズがナポレオンの留守を好まず、それゆえ、ナポレオンは自分が赴くべき紛争地に、部下を派遣して、戦局を不利にしたというのだ。しかし、その決断をしたのはナポレオンであって、マリー・ルイーズではない。

ナポレオンはマリー・ルイーズをどう呼んでいたのだろうか。手紙を見て推察するに、一八一〇年、共にベルギー・オランダ方面に旅行しているが、別行動だ。アントワープで合流している。その時に書いた手紙では、マリー・ルイーズへという宛名になっている。しかし呼びかけは、Ma chère Louise（私の愛しいルイーズ）、Ma bonne Louise（私の優しいルイーズ）、Mon amie（わが友よ）と三種が混在している。署名はNap（ナプ）であり、すべては君のものという意味かTout à toiが書き添えられている。

皇帝・皇后としてデビュー――破滅前の華やぎ

一八一二年五月一八日から、ドレスデンで首脳会議が行われる。これには主催者としてナポレオンはマリー・ルイーズを同伴する。イギリスとロシアを除く主要な国王・大公たちが集まり、その中で、最強の国、大フランス帝国の皇后としてデビューを果たす。ナポレオンは威信を示すため、マリー・ルイーズにもそれなりの行動を求める。マリー・ルイーズの父、オーストリアのフランツ皇帝も出席し、久しぶりの親子対面が果たされる。二週間の会議のあと、ナポレオンはポーランドへ移り、マリー・ルイーズは父・継母たちと共にプラハへ行き、実家帰りを果たす。

別行動になったあと、一八一二年六月三日、ポーランドのトルンからの手紙である（『ナポレオンの恋文』によるが、年が括弧書きで一八一一年となっている。史実と比べると一八一二年と思われる）。

「私の親愛なるルイーズ、
ナルボンヌから君の手紙を受け取ったが、君は寂しそうだね。勇気を持ち、平静でいると私に約束した君だから、いいことではないよ。君はこの時間、もうプラハにいることだろう。君は四日に出発したはずだからね。だから、君は君の家族と共にいる喜びを感じていることだろう。私もその喜びを分かち合おう。皇帝によろしくお伝え願いたい。(オーストリア)皇后の足元にひれ伏します。皇后がどんな時にも気持ちよくお過ごしになられることを私がどんなに願っているか、伝えてほしい。私は到着したばかりの部隊を観閲するため、明日もここにいる。そのあとダンツィッヒ(現グダニスク)まで駆けるだろう。パリからのよい知らせを受け取った。王は元気だ。さようなら、ミオ・ドルチェ・アモーレ、君をとても愛している人間を君も愛しておくれ。君の姉妹によろしく。君ゆえに愛しているレオポルディーヌや君のすべての兄弟姉妹に会いたいと願っているのだが。
すべては君に、ナプ」
お得意のミオ・ドルチェ・アモーレが出ている。ほかの手紙ではドルチェ・ミオもある。マリエンブルグから書いた六月一二日付の手紙では、宿泊先の王室関係者、オーストリア皇后の侍女たち、マリー・ルイーズが結婚前世話になった人々など、各方面へ贈物や下賜金を配るよう、事細かに指図している。パリからの侍従長は、マリー・ルイーズの六月分の小遣いを持参し、ふんだんに気前よくお金を使えるようにしている。特に、輿入れの際、パリまで同行を許可していたラギスキ夫人を、カロリーヌが帰してしまったことを覚えており、お詫びの意味で多額の金とダイヤモンドを贈るよう、指示を与えている。また六月一六日付の手紙では、貧しい女性や、オーストリア兵士の寡婦たち、困窮している傷病兵たちにお金を恵むよう指示している。兵士たちの傷病の原因は、フランスとの戦争なのに。なにか矛盾したものを感じるが、マリー・ルイーズが生国オーストリアで歓迎されるように、とナポレオンなりの気配りなのだ。いささかばらまきに近いやり方だが、ケチよりは歓迎されることは疑いない。ナポレオンを愛している様子と、フランス皇后としての落ち着きに、父皇帝を始め、ハプスブルグ家一族は安心したり、複雑な思いをしたことだろう。

マリー・ルイーズは七月半ば過ぎにサン・クルー宮に帰りつく。この三か月間に、ローマ王は歩くようになっていた。片やナポレオンは五月二九日にドレスデンを出て、ポーランドのダンツィッヒへと移る。ここでロシアとの戦争準備にかかるのだ。そして六月二五日の手紙で「私は二四日午前二時、ニエメン川を渡河した。」と書き送っている。この時は知りようがなかったが、ニエメン渡河は、あの悲劇的なモスクワ遠征の最初の一歩となったのだ。しかし、そうとは考えていないナポレオンは、六月二一日付の手紙では、「私が君をどんなに愛しているか知っているね。君がそばにいてほしい。それは心和む習慣なのだ。その習慣を数か月うちに取り戻したいと思っている」と書いている。モスクワから逃げ帰ったのは、一二月一八日のことだ。六か月の不在になるとは、そして転落の始まりになるとは、その時点では、ナポレオンもマリー・ルイーズも毫とも思っていなかった。

マリー・ルイーズの述懐（4）――皇妃として

ローマ王が生まれてしばらくは、陛下も落ち着いていらっしゃいました。もう息子に夢中でらして、モンテスキュー夫人に命じて、ローマ王を執務室に連れてこさせるか、私の部屋にローマ王がいる時は、何度も顔を見せられて、親ばか丸出しでした。

なぜ情勢が落ち着かなくなったのか、私には理解できませんでした。ロシアやイギリスが思い通りにならないのでしょうが、そんなことは放っておけばよろしいのに。ドレスデンで首脳会議を開くから、陛下と同行するようにといわれました。主催者はバイエルン国王ですが、陛下が実際の主催者とのことでした。もう大変なお支度でした。食器はセーヴルやリモージュで特別に焼かせたものを出席者のためにセットで持参しましたし、父君へのプレゼントにもいたしました。銀器も装飾用のものも、何もかも持参しましたの。サン・クルー宮殿がそのまま引っ越ししたみたいなものでした。

ナポレオン皇帝の妃として、諸外国の元首、つまり皇帝や国王陛下、大公殿下とお目にかかるのは初めてでした。ほとんどはウィーンにいる時に存じあげておりましたけど。皆様、お妃様も同道されていましたので、社交も華やかでした。会議は会議で大変込み入っていましたけど、舞踏会や晩餐会など、本当に忙しゅうございました。父君ともお会いしましたが、公式にというので、堅苦しいものでした。でもローマ王の誕生をお祝いくださったり、私どもの仲のよさを喜んでくださったり、肉親の情を感じました。それにこの会議のあと、里帰りをしていいということになっておりました。ただ、ウィーンではなくプラハまでですけど。それが楽しみで、ドレスデンでの気の張る日々も過ごせました。

陛下がどんなに私の里帰りに気を遣ってくださったか、微に入り細に入り、ご指示がありました。それに家族へのプレゼント、以前仕えてくれていた者への心付け、傷病兵や戦争未亡人、貧困者への下賜金など、だれには何を、と人名やプレゼントの品まできちんと指示されて、どうやってお調べになったのかしら。

実家での滞在は楽しいものでしたが、サン・クルー宮殿に戻って、ローマ王の顔を見たら、本当にうれしゅうございました。ああ、シエ・ヌ（わが家）に帰ってきた、と思いました。ローマ王は本当にかわいくなっていて、歩き始めていました。その瞬間を見ることができなかったのは、陛下もがっかりでしょうけれど、私もがっかりいたしました。這えば立て、立てば歩め、それぞれの瞬間を見るのは親としての喜びです。

5　没落への道

没落への道、モスクワ遠征

ロシア遠征については、幾多の書物がある（随行したコレンクール著『ナポレオン、ロシア大遠征軍潰走の記』、ニコルソン著『ナポレオン一八一二年』、志垣嘉夫編『ナポレオンの戦争』ほか）。

戦況そのものの分析はそういった戦記物に任せ、ナポレオンとマリー・ルイーズの意思の疎通を見てみよう。ニエメン川を渡って以来、ロシア側の目立った攻撃もなく、またアレクサンドル皇帝からの交渉の働きかけもなく、一見順調に軍はロシア国内を進んでいく。ナポレオンは毎日、愛妻への手紙を欠かさない。その一通、一八一二年九月二日、ジビアトからのものである。

「私の愛しい友よ、君の八月一八日付の手紙を受け取った。君が元気で、幼い王に満足しているようでうれしい。私の野営についてデノンのデッサンが君を喜ばせたようで安心した。私が危険の中を駆け巡っていることがわかっただろう。私は一九年も戦争をしているし、たくさんの戦争をし、ヨーロッパ、アジア、そしてアフリカで包囲戦を行った。私は君とすぐに再会するため、そして君が私に感じさせた愛情を君に証明するため、この戦争を早く終わらせるつもりだ。さようなら、わが友よ。

すべては君のもの。ナプ」

戦争は長引かず、勝利してすぐにパリに凱旋できると考えている。手紙のパターンはほとんど変わらない。マリー・ルイーズの健康、ローマ王の様子を聞き、そして自分も元気で戦況は順調、これだけの内容を毎日書いている。一八一二年九月一四日、モスクワに入城し、九月一八日に書いた手紙である。

「わが友よ、君宛にすでにモスクワから手紙を書いた。私はこの都についての考えがなかった。ここにはエリゼ・ナポレオン宮殿にも匹敵する、信じられないほどの豪華さでフランス風に装飾された五〇〇の宮殿と、いくつかの皇帝用宮殿、兵舎、素晴らしい病院があった。すべてが消え去った。四日以来の火事がすべてを焼きつくしたのだ。市民の小さな家はすべて木造なので、マッチ箱のように燃える。総督とロシア人たちは戦いに敗れ、やけくそになり、この美しい都に火を放ったのだ。二〇万人の善良な住民は絶望に陥り、路上で悲惨な状態にある。とはいえ、軍隊には十分なものが残っている。そして軍はあらゆる種類のたくさんの富を見つけた。というのは、この無秩序の状態にあっては、すべて略奪されるからだ。

この損失はロシアにとって莫大だ。ロシアの商業にとって大きな打撃となる。あの卑劣な輩たちは、ポンプを取り除いたり、壊したりするまでしていったのだ。風邪はよくなった。私の健康はよい。さようなら、わが友よ。　すべては君に、ナプ」

焼け落ちたモスクワでロシア皇帝の降伏を待ち、無為に時間を過ごすナポレオン、行軍の間は暑さに苦しんだが、そろそろ冬が訪れようとしている。

一〇月一四日、モスクワからの手紙である。

「私の愛しいルイーズ、私の最大の喜びは君の手紙を読むことだ。それは伝令が到着した時、私がする最初のことだ。君の手紙は君そのもののように魅力的だ。君の麗しい魂をなぞっているようで、そこにすべての美を見ることができる。君は完璧な女性だ。私の健康は上々だ。初雪が降った。しかしまだそう寒くない。私はパリに戻れるとはまだ考えていない。君がポーランドまで来るのも遠いね。私に代わって三度、わが息子を抱擁しておくれ。アディオ、ミオ・ベーネ。　すべては君に、ナプ」

この手紙では初雪の到来を知らせているが、まだ帰還を考えていない。冬営の地をモスクワにするか、ポーランドまで戻るか迷っている。しかし数日後には、長い不在がもたらす不安定な政情を考え、パリへの帰還を決心する。困難な帰還を予兆するような手紙がある。デスナで一〇月二〇日に書かれたものである。

「わが友よ、私は冬営設営をするための途上にある。天気は素晴らしいが、どれだけ続くかはわからない。モスクワはすべて焼きつくされ、私の今後の作戦にとって陣地にはならない。従ってこれを放棄し、そこに残した駐屯所を引き揚げるつもりだ。私は元気だし、仕事はうまくいっている。ボーヴォー公はお尻に槍を受けて負傷したが、元気でいるし、危険はない。このことを彼の友人のだれかを使って、彼の母親に知らせなさい。この事件はコサックとの前線で、小競り合いで起きたものだ。私は元気だ。満足して、幼い王を私に代わって三度抱きしめておくれ。　すべては君に、ナプ」

悲劇の撤退

手紙はだいたい二週間から二〇日の日数で届いたようである。毎日、手紙を認めるのが義務のようだ。まだこのあたりは、伝令の往復も順調である。

劣勢が明らかになってくると手紙の内容も変わってくる。一一月一日、退却途中のヴィアスマからの手紙は、

「わが友よ、この手紙の日付で、君は私がポーランドに冬営を設置するために近づいていることがわかるだろう。われわれの間には、一〇〇リューたらずがあるだけだ。素晴らしい天気で、気温は三度から四度の寒さ、太陽が照っている。私の健康は完璧だ。仕事はうまくいっている。私に欠けているのは、君に会い、どんなに君を愛しているかを言うことだ。私に代わって幼い王に接吻を、そして父君に手紙を書き、シュワルツェンベルグについてお考えいただくこと、そしてガリシー軍団に合流してそこを支援し、強化するようにお願いしてお

くれ。皇后へお手紙する時、私からよろしくとお伝えしておくれ。さようなら、わが友よ。君は私がどんなに君のことを考えているか知っているね。すべては君に、ナプ」

（注・シャルル＝フィリップ・シュワルツェンベルグ公。オーストリアの軍人であり、在パリ墺大使として、マリー・ルイーズの輿入れに功があった。ナポレオンの要請でロシア遠征にオーストリア軍指揮官として随行。撤退後、駐パリ大使のポストに戻り、ナポレオンと連合軍との交渉の仲介役をつとめる。）

と、父オーストリア皇帝に手紙を書き、支援を要請するよう、マリー・ルイーズにも協力を依頼している。これで戦局不利であることは一目瞭然だ。地の利のないロシアから引き揚げ、冬の間は味方のポーランドで軍隊を冬営させようという作戦だ。ガリシー軍団とは東欧北部の兵から構成された軍団である。

一八一二年一一月二〇日、オルシャからの手紙は現実を正直に書いている。

「私の愛しい友よ、コサックどもがわれわれの連絡網を襲ったので、君の手紙を受け取ることができなかった。しかし、私は君に手紙を書く時間を失いたくない。私は元気だし、君に近づいている。数日うちに通信網は再開されよう。アディオ、ミオ・べーネ。

すべては君に、ナプ。

ナポリ王妃と副女王にニュースを知らせなさい。私の手紙を帝国大書記長に見せなさい。」

（ナポリ王妃・妹カトリーヌ、副女王・ウージェーヌの妻）

次の手紙はもっと悲惨である。一一月二四日、ボブルからは、

「わが友よ、君の手紙を何日も受け取っていない。しかし、明日もしくは明後日、それらを一度に受け取れるだろう。道路が遮断されている。寒い。君は私の手紙を数日受け取っていないので、心配しているに違いない。私の健康は上々だ。私に代わって幼い王に接吻を、そして君の忠実な夫の愛情を決して疑うことなかれ。ナプ。

ナポリ王、副王、ヌシャテル公、元帥たち、私の侍者たち、全員元気だ。」

（ナポリ王・ミュラ、副王・ウージェーヌ）

哀れなパリ帰還

モスクワから帰ってきたナポレオンは、これまでの必勝将軍としてのオーラを失った。失敗の原因は何だろう。広大な国土に奥深くナポレオンの軍隊をひきこんだアレクサンドル皇帝の戦略の巧みさ、コサック兵のゲリラ戦法、早い冬将軍の到来などが通説であげられている。最後の理由に関して、五月にニエメン川を渡った時は、暑い、暑いとナポレオンはマリー・ルイーズに書いている。つまり夏の装備で入って、すぐに終わる予定だったのだ。

異常な気候条件説もある。一八一二年の大寒波は、火山の噴火に起因する異常気象のせいだというのだ。一八一一年、一八一二年はアゾレス諸島（ポルトガル領）のサブリナ火山、イタリアのベスビオス火山、エトナ火山、西インド諸島のサンバンサン島、インドネシアのアウ火山と、世界各地で火山噴火が連続した（村山磐『東北学院大学論集（歴史学・地理学）』一二号、一九八二、「ナポレオンの戦争」にコラムとして書かれている）。二〇一〇年五月のアイスランドの火山噴火でヨーロッパの空が混乱したことを考えると、一八一一、一八一二年の噴火による火山灰が、気候に大きく影響したことは納得できる。さすがのナポレオンも火山噴火の影響を考慮に入れていなかったわけで、運に恵まれなかった。

ナポレオンは自分が不在の間（いる時も同じだったようだが）、マリー・ルイーズに会うべき人、会ってはならない人の指図もしている。特に男性は何人たりとも自室に入れてはいけないと厳しく禁止していた。ナポレオンの兄のジョゼフなども禁止されている。そして入れてもいい人には、オーストリア外相のメッテルニヒが例外的にあげられるが、ロシアからの手紙にもベネヴァン大公とレミュザ、ナントの大司教などを挙げている。ジョゼフィーヌの浮気に苦しんだ挙句の予防的措置なのだろう。

マリー・ルイーズの述懐（5）――忍びよる不安

ドレスデンでお別れして、それからは大変なことになられました。まさか、モスクワまで攻めていらっしゃるとは！　まさか、まさかの連続でした。でも私へのお手紙では、うまくいっている、元気だ、早く会いたいと書いていらっしゃるから、あんなにひどいことになるとは、考えもしませんでした。戦況がよくないことは、なんとはなしに聞かされましたけど、詳しくは知りませんでした。私もお会いしとうございました。ドレスデンで皇后の役割を果たして、なんだか名実共に夫婦という気持ちになりました。

陛下ご自身でモスクワまで攻めることはなかったと、今では思いますが、あの状況では致し方なかったのでしょう。

一二月のある日、深夜でした。もう休んでおりましたら、陛下が外套のまま、部屋に入ってみえました。召使いが知らせるより早くでした。こんな唐突なご帰還ですもの、うれしいより、なにかこわい感じでした。陛下はとてもお疲れのご様子で、私を抱きしめてくださっても、緊張が解けないのです。「寒い、寒い」とおっしゃって、部屋の暖炉にいっぱいに火を焚きました。それでも「寒い、寒い」と震えていらっしゃいました。戦争のことは何もお話しにならないし、翌日からは何も変わったことがないように、いつもの宮廷生活になりました。でも違っていたのですね。変わらないのは表面だけで、もうそのすぐ下は激流が流れていたのですわ。それを感じていても、感じないふりをしていただけでした。

6　対フランス包囲網

苦境に立つナポレオン

一八一二年の年末、一八一三年の年明けは重苦しいものだった。ナポレオンはロシア遠征の失敗を糊塗するため、内政に力を入れた。元老院や国務院はその指示に従うものの、うわべだけの感がある。マリー・ルイーズは七か月ぶりに会った夫と束の間の安らぎにほっとしていた。二歳になるやんちゃ気味のローマ王を、不在期間中の分までと、父親は目に入れても痛くないほどの可愛がりようだ。ローマ王も父を慕い、一緒の時はまとわりついて離れない。こんな時間が長く続きますように、と願うマリー・ルイーズだが、父フランツ皇帝の手紙から、ヨーロッパの情勢がそれを許さないことは理解できる。

これまでナポレオンに服従を強いられてきた諸国が、対仏同盟を結び、戦備を整え始める。ロシア皇帝は、領土からのフランス軍の撤退だけでは満足せず、果敢に打って出る選択をする。イギリスはプロイセン、スウェーデン（デジレの夫、ベルナドットが国王）と同盟を結び、ロシアもプロイセンとの協力のため、領土上の譲歩をする。マリー・ルイーズの実家オーストリアは、ロシアと休戦協定を結び、ザクセン公国、バヴァリア公国、ウェストファリア王ジェローム（ナポレオンの弟）にも和解を呼びかける。これは消極的反仏行為になる。そして三月一七日、プロイセンはフランスに対し、宣戦布告する。

こんな屈辱的な状況を認めるわけにはいかない。ナポレオンの実力をみせてやろうではないか、ナポレオンは出陣を決める。それに先立ち、フォンテーヌブローに幽閉していたローマ教皇ピウス七世に、ローマ王とマリー・ルイーズのイタリア女王としての戴冠を求める（ナポレオンは一八〇五年三月一七日、すでにイタリア王として戴冠していた）。ところがナポレオンを落ち目と見たのか、教皇は戴冠式への出席を断ってくる。王権神授とはならないわけだ。しかし戴冠式は行わなくても、ローマ王とイタリア女王の地位は確保されている。さらにナポレオンは出征後のことを考え、マリー・ルイーズを摂政に任じることにする。摂政としての宣誓式が行われる（一八一三年三月三〇日）。そうすれば自分に何事かおきても、ローマ王が跡を継ぎ、マリー・ルイーズが摂政として補佐すればよい。兄ジョゼフや弟ルイに後継者の地位がいくのはごめんだ。ジョゼフのところは娘ばかりだから、後継者として不適格だ。後顧の憂いをいくらか減らして、ナポレオンは一八一三年四月一五日、プロイセンとの戦いのためにサン・クルーを出発する。

最後の出征

マインツからの手紙が戦地からの第一報だ。四月一七日夕方六時の手紙によると、一六日の真夜中にマインツ到着と書いている。四〇時間の道程だった。強行軍であることがわかる。翌日には、「(前略)父君フランツ皇帝に、毎週お手紙をすること。彼に軍事情報を詳細に知らせ、彼のご人格への私の愛情について話しておくれ。(後略)」と指示を出している。フランツ皇帝をどうしても味方につけておきたいため、こちらが有利に動いている情報を、マリー・ルイーズを通して、流そうというのだ。四月二四日には、フランツ皇帝のやり方を非難した手紙を書いている。

「私の愛するルイーズ、君の二一日付の手紙を受け取った。私は父君フランツが、平和は私次第であるとおっしゃられていることに驚いている。四か月来、彼は一通の返事も受け取られることができずにおられ、またついにロシアが交渉を開始することに同意した今になってだ。このような意味の手紙を父君に書いておくれ。まだ交渉を始めることに同意も得られていない時、私が平和を欲しなかったとお考えになったのはよくない、また交渉なしでいろんな条件、たとえば降伏といった条件を私に課そうとするならば、それは見当違いだと父君に書いてほしい。戦争に突入しようという意図がないのなら、慎重になさってくださいと申し上げてほしい。なぜなら、もし平和を望んでいるのなら、交渉を始めなければならない。私は三か月前から、平和交渉に臨む用意があるといっているのに、(ロシアからは)返答がないのだ。父君に伝えてほしい。我が国はロシアからもイギリスからも、踏みにじられたり、恥ずべき条件を課せられて黙ってはいないことを。そして今一〇〇万の武装兵を持っているとしても、イギリスが怒りに任せて踏みにじろうとしていることをフランス人が知ったら、さらに私が欲するだけの兵士を得られるだろうことを。君の手紙は、疑われないよう、オーストリア人を使って届けさせなさい。ここは非常に寒いが、私の健康は上々だ。さようなら、わが友よ。すべては君に。ナプ」

この手紙まではルイーズとなっているが、その後、「皇后、女王そして摂政へ」と宛名が変わり、正式かつ公的なものになる。

プロイセンのリュッツエン（五月二日）での戦いでは勝利する。その喜びの言葉だ。

「今、夜の一一時だ。とても疲れた。私はロシアのアレクサンドル皇帝とプロイセン王によって指揮されたロシア・プロイセン軍に対し、完全な勝利を得た。私は戦死者と負傷者で一万を失った。私の軍団は勝利の喜びにあふれており、私に愛の証を寄せてくれたが、そのことは私の心を打った。わが息子を抱きしめておくれ。私の健康は上々だ。さようなら、わが愛しいルイーズ。すべては君に。ナプ」

そしてこの勝利を祝うため、艦艇を華やかに飾り立てたり、テ・デウム（戦勝を感謝するミサ）の主催を命じたりしている。その後、五月二〇日にはプロイセンのバウツェンでも勝利をおさめる。

摂政マリー・ルイーズ

留守を預かるマリー・ルイーズは、指示に沿って、閣議を主宰したり、各大臣への命令を出したり、外交団を接遇したり、緊張の中で多忙な生活を送っている。特に父皇帝へ、どういう内容で手紙を書くようにという指示には困り果てる。五月一四日のドレスデンからの手紙だ。

「私の愛しい友よ、君の手紙を受け取った。君が私の成功に満足してくれてうれしい。われらの仕事はうまくいっている。父君はだまされ、間違った方向へ導かれようとしている。メッテルニヒは陰謀家でしかない。私は副王（ウージェーヌ）をイタリアに派遣し、私の軍をそこで組織させるつもりだ。一か月以内に一万人の兵士を得るだろう。君の父君宛て、ウィーン宛ての手紙はヴァレット運河経由で送るように、アディオ、ミオ・ベーネ。ナプ」

六月には休戦協定が結ばれ、二か月間の戦闘停止となる。ナポレオンはドレスデンに滞在する。この間、和平の条件が話し合われている。七月七日付の手紙では、

「（前略）和平はもしオーストリアが漁夫の利を得ようとしなければ、合意にいたるだろう。皇帝は、ロシアに買収されたメッテルニヒにだまされている。この男は、政治とは嘘をつくことで成り立っていると信じているのだ。私は和平会議が二日以内にプラハで始まるだろうと思っている。どうなるか見守っていよう。もし彼らが私を恥辱に満ちた条件にはめ込もうとするなら、私は彼らに戦いを挑もう。オーストリアは代償を支払うことになるだろう。しかしそのことが君に与える痛みを思うと、私は心苦しいが、不公正は退けなければならない。（後略）」

と、会議の動きを見守っている。和平会議の主宰者でないばかりか、俎上の魚となっている。プラハにおける和平会議は七月二九日から始まる。それ以前にナポレオンはマインツでマリー・ルイーズと会うことにする。七月一六日に旅行についての指示を与えている。

「わが友よ、君に会いたい。君は二二日に出発し、シャロンで宿泊、二三日にはメッス、二四日はマインツで、そこで君に会えるだろう。第一陣として四台の馬車、第二陣に四台、第三陣に四台の馬車を連ねて旅をするように。公爵夫人、女官二人、宮廷府役人、侍従二人、近習二人、侍医一人、赤服の女侍者二人、黒服の女侍者二人、それに給仕係を同伴しなさい。君用の馬車も持ってきなさい。これらすべて準備なさい。キャファレリ伯爵が護衛を指揮し、ルートを選ぶだろう。君はこれらのすべてを帝国大書記長に命じなさい。

さようなら、わが友」

皇后が公式に移動する場合、これだけ大仕掛けになる。

二人はマインツで七月二五日に再会を果たす。四月一五日に別れて、三か月ぶりの対面だ。つもる話は尽きることがない。しかし、ぎくしゃくする部分もある。ハプスブルグ家と姻戚になったことで、少なくとも後門のトラの危険性はなくなったと思っていたのに、そうではない現実にナポレオンのいらだちも募っている。指示通りに父君に手紙を書いたのか、と少し責める語調も感じられる。「書きました」と返事をしながら、父と夫の間で板挟みになって、どちらにも気兼ねをしなければならない身を嘆くマリー・ルイーズだ。ハプスブルグ家の娘として、父の立場や考え方も理解できる。鬼だ、悪魔だといっていたナポレオンとの縁談を承知したのも、その一例なのだ。ローマ王を話題にする時だけ、二人の間はしっくりする。それなりに甘い時間を過ごす。仲のよさをみせるのも重要な戦術だ。そもそもプラハでの会議に自らは出席しないものの、オーストリアを牽制するために、マリー・ルイーズをマインツまで呼び寄せたのだ。ただ抑止力として、期待通りの効果をあげるかどうかは疑問だ。

不利な戦況

残念ながらマリー・ルイーズの抑止効果はなかった。休戦協定の期限がきたところで、これまで中立だったオーストリアも敵側につく。八月一七日付の手紙で、

「私は今夜ゴルリッツに来た。宣戦が布告された（宣戦布告は一八一三年八月一二日）。君の父君は、メッテルニヒにだまされ、敵側につかれた。アレクサンドル皇帝は一五日にプラハに着かれる。ロシア人はボヘミアに入った。私の健康は上々だ。君が勇気を持ち、元気でいることを望んでいる。アディオ、ミオ・ドルチェ・アモーレ。すべては君に、ナプ」

と素っ気なくオーストリアとの敵対関係に入ったことを告げている。そして同月二〇日付の手紙では、

「私の愛しいルイーズ、私は昨日、ボヘミアにいた。私は山岳地帯を追跡し、またネペルグ将軍をガベルに追跡した。ロシア軍とプロシア軍はボヘミアに入った。私はローウェンベルグに赴く。私の仕事は冒険に満ちたものになってきている。私の健康は上々だ。さようなら、わが友よ。君は今日シェルブールに出発するのだね。」

ここにあるネペルグ将軍（おそらく、正確に名前を知らなかったのだろう）とは、ナポレオンがエルバ島に流されていた間に、マリー・ルイーズの愛人となるナイペルグ伯爵のことである。戦闘は一応ナポレオン有利で進行する。八月二七日の手紙は得意満面の文章だ。

「わが友よ、私は三人の国家元首が自ら指揮したオーストリア、ロシア、プロイセンの三軍に対し、大勝利をおさめたところだ。私は馬に乗って三軍を追跡した。私の健康はよい。私の副官であるベランジェは致命傷を負った。彼の家族と若い妻にそれを知らせてほしい。さようなら、ミオ・ベーネ。君に軍旗を送る。ナプ」

敗軍の将の一人は義父であるのに、自慢たらたらと勝利を綴っている。マリー・ルイーズはフランスに戻り、ナポレオンにかわり、シェルブール軍港を視察し海軍を鼓舞する。対岸のイギリスを牽制するためだ。彼女なりに夫に対し協力を惜しまない。が、どんな効果があったかは目に見えない。というのも、ナポレオンの主戦場がだんだん思わしくなってきたのだ。ナポレオンはドレスデン、ドブナ、リブスタト、ペテルスバルド、ハルトーと退去を強いられている。戦況はだんだん不利になってきた。九月一三日のドレスデンからの手紙では少し様子が変わっている。

「わが愛しい友よ、君の手紙を受け取った。君の健康が回復したようでうれしい。君の父君の手紙を君に送る。私宛と思い、うっかり開封してしまったが、読んではいない。この手紙に、私が関心を持つようなことが書いてあるかどうか教えておくれ。君は父君や妹たちに同じルートで手紙を送ることができる。書いたら私宛に送りなさい、転送してあげるから。私は元気だ。さようなら、わが愛しい友よ、満足して、陽気でいておくれ。
すべては君に。ナプ」

フランツ皇帝からの手紙、マリー・ルイーズからの手紙を自分を通すようにしている。検閲まではしないが、親子の通信の往復を把握しようとしている。

九月一七日付のペテルスバルドからの手紙では通信網が遮断された事実をいっている。

「わが友よ、三日前から君の手紙を受け取っていない。というのも、パルティザンが軍隊の後方でかく乱し、通信網を遮断したのだ。すぐに終わることを願っている。私の健康は上々だ。仕事はうまくいっている。アディオ、ミオ・ベーネ。ナプ」

手紙は毎日ではなく、特に一〇月五日から二五日までの手紙がない。実は一〇月一六日から一九日まで、プロイセン、オーストリア、ロシア連合軍と相対したライプチヒの会戦で敗北しているのだ。一九日には六万の兵を失っている。手紙はだんだん短くなってくる。戦況にもあまり触れない。敗戦について書いた手紙はない。摂政たるマリー・ルイーズは戦時公報を読めばいいというわけだ。一一月にはマインツに移り、同じ月の七日まではマインツからの手紙が続く。一一月六日には弟ルイについて、厳しく非難している。

「わが友よ、君の一一月三日付の手紙を受け取った。もしルイが皇位の近くにいるフランス皇族として来るのなら、私は彼を受け入れ、彼が私に対して発表したすべての文書を忘れることにしよう。彼がオランダ王として来るのなら、なすべきことの多いこの時に、厳しく接せざるを得なくなるのは、彼に思いやりがなさすぎるというものだ。しかし彼は常に常軌を逸しているからね。ひどい家族を持ったことについて、私に文句をいいなさい。私はさんざん苦しめられているからね。私の健康は上々だ。私は軍隊を再編した。すべては状況を変えるだろう。息子に接吻をしておくれ。すべては君に。ナプ」

一一月七日二四時、彼はマインツを出発する。親衛隊もつかず、たった三人が護衛についている。そして一一月九日一七時、サン・クルーに到着する。敗戦などなかったように翌一〇日の朝から平常通りの宮廷行事が始まる。起床のセレモニーがスタートだ。閣議を招集したり、議会への出席がある。軍を再構成する必要がある。元老院に三〇万人の徴兵を要求する。敵のプロイセンやロシアの連合軍は七万人、オーストリア軍は一万二千人がラインの対岸に対峙している。一八一三年一二月三〇日、オーストリア軍はスイスへ侵入し、占領した。指揮をするのはオーストリアの元駐仏大使シュワルツェンベルグ公で、三国連合軍総司令官となっている。ライン川はもはや守備線ではなくなった。

運命の女神に見放されたナポレオン

年が改まり一八一四年となった。新年早々の諸会戦（ブリエンヌ、シャンポベール、モンミライユ、モントロー）ではナポレオンは勝利する。しかし国内では厭戦気分が高まっている。国民は二〇年も続く戦争に、家族や身内を徴兵され、戦死や戦傷で失っている。大臣、元帥、高官たちは、現在の安寧な地位を脅かす恐れのある戦いはなくなってほしい、と願っている。タレーラン仏外相は休戦会議を提案する。膨張する以前の、ライン川、アルプスおよびピレネー山脈までの自然国境に戻す条件なら、同盟諸国も停戦に応じるのではないか、と譲歩を提案する。とんでもない、一時期はウラルからジブラルタルまでフランス帝国となるか、フランスの支配下にあったではないか。ナポレオンはなかなか現実を直視できない。勝利した会戦の戦場がフランス国内であること、そこまで攻め込まれている現実、一月にはイギリス軍がトスカーナ地方に入り、ナポリ王ミュラがオーストリアとの協定を結んだという現実を。ミュラは妹カロリーヌの夫だからこそ、ナポリ王にしてやったのではないか。なんたる裏切り！　連合軍はフランス本土にも進軍している。モンベリヤール、ディジョン、ナンシー、リヨン、とだんだんパリに近づいてくる。

一八一四年一月二五日三時、ナポレオンは進軍のため出発する。これが最後になろうとは、マリー・ルイーズもローマ王も思ってはいない。戦い、打ちのめす、これがナポレオンのスローガンだ。一方、二月五日には、セーヌ河口のシャティヨンで講和会議が始まる（三月一八日まで続く）。二月一〇日〜一四日あたりに小さな勝利を得る。それが反撃の緒にならないのが、いわゆる幸運の前髪をつかみ損ねたからだ。それでも強がりを書いている。二月一八日の手紙では、

「わが愛しい友よ、私の戦いはうまくいき、シュワルツェンベルグ元帥は今晩、休戦を申し出た。私は返事をしなかった。数日うちには和平を迎えたい。しかし、それは私とフランスにとって確固たる和平でなければならない。わが息子に接吻を与えておくれ。そして私の愛

を信じておくれ。ナプ」

二月二五日トロワから書いた手紙では、

「わが愛しいルイーズ、日夜騎乗していなければならない兵士たちにとって、この寒さは耐えがたいものがある。君の父君はトロワではふさぎこんで、あまりお元気ではなかった。ロシア人にはほとんどお会いにならなかった。オーストリア人とロシア人はお互いに好意を持っていない。父君に手紙を書き、彼のニュースを得られないことについて、彼が君を忘れ去ったようだということ、しかし彼は彼のご政務を通じてわれわれを助けることができること、を訴えなさい。そして理性的になり、確固たる意志を持って、イギリスやロシアの傀儡とならないようにしなければならないと書きなさい。そして君と君の息子の利益について、彼に強く注意を喚起しなさい。同時に、私が恥ずべき、不名誉な和平を結ぶより、死を選ぶことを彼に告げなさい。どうせ平和は長く続かないだろうから、講和を結ぶのはよい政策ではないといいなさい。さようなら、わが友よ。すべては君に、ナプ」

とある。マリー・ルイーズに父親との間のとりなしを頼んでいる。「娘と孫」の効力があると思ったのか、ここまで同盟諸国がそろってきているのに、連合軍を親子の情を頼りに分断をしようと必死の努力をしている。

三月二日現セーヌ・エ・マルヌ県のラ・フェルテ・スー・ジュアールから、

「わが友よ、カードル公爵を呼びなさい。そして彼に、フォンテーヌブロー、コンピエーニユ、ランブイエ、そしてそのほかの私の邸宅にあり、そこに必要でないすべてのベッド、藁布団、シーツ、敷布団、毛布などの目録を作るようにいいなさい。少なくとも千はあるはずだ。そしてそれらを軍の病院へ運ぶようにいいなさい。私の仕事はうまくいっている。私はよい結果が速やかに出ることを願っている。さようなら、わが愛しいルイーズよ。」

傷病兵の多いことをうかがわせる手紙だ。もう格好つけてはいられない。

困った存在の兄ジョゼフ

兄ジョゼフは頭の痛い存在だ。スペイン王にすえたが、スペイン国民の根深い反感からくるしぶとい反乱に、逃げ帰っていた。しかし、ボナパルト家の長男として、ナポレオンに対抗意識を常に持っている。弟の後塵を拝しているのが無念でならない。そんな兄の屈折した思いを知っていても、ナポレオンはこの進軍の出発を前にジョゼフを皇帝代理官に任命し、皇后マリー・ルイーズの後見を頼んでいる。ナポレオンのどうしても抜けない身内偏重がここにもでてくる。

「わが友よ、君の手紙を受け取った。王とあまり親しくしすぎてはいけない。彼を遠ざけ、決して君の部屋に入れてはいけない。カンバセレス（大司法官）を迎える時と同じように、儀礼的に客間で迎えなさい。君の生活ぶりについて忠告するような口調を彼に許してはならない。君は彼より立派な生活をしている。君が地下道を通ってテラスに出ることは認める。王がいうことは馬鹿げている。それに大衆はそんなことに干渉すべきではない。君の生活ぶりべての人の尊敬を勝ち得ているのだ。今まで通りにすればいいのだ。王が君に関係のない忠告を与えるような時は、私は君から遠くにいるわけだから、君は会話を遮り、話題を変え、冷静でいなさい。王に対しては控えめにし、王を遠ざけるようにしなさい。親しくするのはやめなさい。そしてなるべくなら、公爵夫人の前で、窓際で話すのはいいだろう。しかしながら、是非そうせよというのでもない。しかし王に関係のないことで口出しさせないようにしなさい。そして君の内輪のことについては、決して立ち入らせてはならない。さようなら、わが友よ。天気は非常に悪い。すべては君に。ナプ」（ソワッソン、一八一四年三月一一日午後三時）

「わが愛しいルイーズ、君の最新の手紙を受け取った。君の手紙を父君に前線から送った。君が父君の手紙と君の返事を王にみせたことを私は怒っている。君は彼を信頼しすぎている。これらの通信は私だけにいわなければならないことなのだ。すべての人が私を裏切った。王からも裏切られるのだろうか。そうなっても驚きもしないし、私の不屈の精神を変えもしない。私を動揺させる唯一のものは、君が王と私が感知しない関係を持ち、これまでのように私のために行動してくれないかもしれないということだけだ。王には用心しなさい。彼には女性との悪いうわさがあるし、スペインでは好き放題したそうだ。もし君が私を喜ばせたいと思い、私を不幸にしたくなければ、私の手紙、君の父君の手紙、君の返事などを王に一切見せるな、そして彼を君から遠ざけなさい。王は無分別な計画を企て、和平に向けた策略を巡らせ、私に対し害をなそうとしているそうだ。もしそうなら、私を怒らせるだけでなんの成果もないし、フランスにとって悪い結果をもたらすだけだ。なぜ君はそのことを私に話さなかったのか？　もう一度いう、もし君が私の満足や幸福に考えをいたすなら、王に信頼を寄せず、君自身から遠ざけなさい。そういったことは、私をいくらか悲しませた。私は慰めが必要だった。私は彼にいらだちしか持たないことに慣れている。しかし君からいらだちを受けることがあろうとは、思いもよらないし、耐えがたいことだろう。さようなら、わが友よ。すべては君に。ナプ」（ソワッソン、三月一二日午後三時）

そんなに警戒すべき人物なら、なぜ皇帝代理官という地位をつけたのか。皇帝代理官の権限もはっきりしない。摂政の地位と二重構造になる。

自分の感知しない関係、つまりは男と女の関係ということだろうか。たしかにジョゼフは女たらしという評判だ。義妹であるマリー・ルイーズにちょっかいを出すかもしれない。しかし、この興亡の危機にあたって、そんな心配までしなければならないナポレオンはつらい。ジョゼフはナポレオンが皇位を退けば、ローマ王が皇位に就くまでの間だけでも、自らがその地位に登れるとでも思っていたのだろうか。疑いをかけられたマリー・ルイーズはもっとつらい。ナポレオンのために、閣議や議会を必死で主宰しているのに、ナポレオンの兄で、皇帝代理官であるからこそ、ジョゼフに相談しているのに、あらぬ疑いもいいところだ。

ついに離ればなれに

ナポレオンの単発的小規模の勝利は、大勢を逆転させるものではなかった。ナポレオンの防衛は点に過ぎない。連合軍は南から、東からパリをめざして攻めてくる。情勢は急転回し、ナポレオンはパリ防衛のために急ぎ戻るが、パリには一八一四年三月三一日、連合軍がすでに入城していた。ナポレオンはフォンテーヌブロー城へと入る。同じく三月三一日午前六時のことであった。午前三時、妻へ手紙を急ぎ送る。

「（フォンテーヌブロー）ラ・クール・ド・フランス（一八一四年三月三一日午前三時）

わが友よ。パリ防衛のため、当地へ来た。しかしすでに遅かった。パリは夜の内に降伏していた。私はフォンテーヌブローに兵を集めている。私の健康は良い。君が苦しんでいると思うと、私もつらい。ナプ」

一方、それに先立つ三月二八日、マリー・ルイーズはどう身を処すべきか、判断に苦しんでいた。パリ残留を心に決めていたのだが、義兄ジョゼフがナポレオンの意向として、退去を勧める。「皇后とローマ王を決して敵の手中に渡すな」「私は息子がオーストリアで生育されるより、殺されることを望む」「重臣たちと共に、ロワール川の方へ避難せよ」といった内容の手紙がジョゼフ宛に寄せられたのだという。パリを離れることは、皇后としての地位と権利を放棄することにもなるのだが、ジョゼフが示したナポレオンの意見に従わざるを得ない。三月二八日、チュイルリー宮殿を出て、ランブイエ城へと向かう。翌日にはシャルトルへ、そして四月二日にブロワに落ち着く。ナポレオンは、四月三日、ブロワのマリー・ルイーズ宛て、慰労の手紙を書いている。

フォンテーヌブロー（一八一四年）四月三日午後三時

「私の愛しいルイーズ、

君の一日付、二日付の手紙を受け取った。今日、ブロワでとる休養が疲労を回復させることを望んでいる。君の健康が心配でならない。君はたくさんの苦労を負い、それに耐えきれないのではないか、気がかりだ。それが私の苦痛の一部となっている。勇気を持ち、自愛に務めなさい。息子を抱擁し、私の愛を決して疑うことなかれ。ナプ」

このパリ脱出について、マリー・ルイーズの判断を非難する人は多い。たとえばオルタンスなどは残留を主張した。マリー・ルイーズ自身、ジョゼフがナポレオンの手紙を読み上げるまで、残留と決めていた。しかし、客観的に状況を見てみよう。パリに入城したのは連合軍とはいえ、近しいオーストリア軍よりロシア軍のコサック兵の方が多数を占めていた。ロシア遠征時の被害を考えるとロシア軍のナポレオンへの恨みは深い。ナポレオンの家族をどう扱うかわからない。不安が大きくなるばかりだ。残留を主張するオルタンスは弟ルイの嫁だから、捕虜となってもナポレオンの妻子とは違い、直接憎悪の対象にはならないだろう。パリを脱出したあと、フォンテーヌブローでナポレオンに合流しなかったことについても、彼女が行きたがらなかったのではなく、周囲の状況がそれを許さなかったのが主たる理由である。

ナポレオン廃位

皇帝がいなくなったパリでは、四月一日、タレーランは元老院議員を招集、自らがその議長となって、臨時政府を成立させる。二日にはナポレオンの廃位と家族の継承権を廃止する元老院宣言が出され、三日、立法議会はそれを承認する。

これを聞いたナポレオンはショックを受ける。タレーランの臨時政府首班はよい。しかし、この一〇年、絶え間なしに戦ってきたのはなんのためか。皇統を継続させるためではなかったのか。そのために愛するジョゼフィーヌと離婚し、オーストリア皇女を迎え、男児を得て、ボナパルト朝成立と安心していたのに、と憤りと失意がナポレオンを苦しめる。四月四日、退位を宣言するが、そんなことでは同盟国側の同意は得られない。四月六日、無条件降伏となる。その結果与えられたものは、エルバ島への流刑、年金三〇〇万フラン（ナポレオンがジョゼフィーヌに与えた年金と同額）、皇帝の肩書きの保持、兵士四〇〇名の同行許可、であった。

「わが友よ、君の七日付の手紙を受け取った。私は君が抱いているはずの不安を考えるより、健康がまずまずのようで安心した。休戦が決まった。そしてロシア皇帝の副官が、君をここまで連れてくるため、君のもとへくるはずだ。しかし君はオルレアンで止まるようにしてほしい。というのも、私もこれから出発するところだからだ。これについては、コランクールが連合軍と調整するのを待っている。君については トスカーナ公国が与えられ、のちには息子にということだが、私が示している。ロシアは、私がエルバ島に行き、そこに住むことを提と一緒にいることで退屈しなくてもすむだろうし、また君の健康によい土地に住まうこともできる。しかし、シュワルツェンベルグは君の父君の名のもとに反対を唱えている。君の父君はわれわれにとって、もっとも容赦のない敵のようだ。したがって、どのように決定されるか、私にはわからない。私は、君と不幸を分かち合うだけになってしまったことを遺憾に思っている。そのことが君の不幸を倍加し、また増大させるのなら、私の命を断ちたいほどだ。もし、モンテスキュー夫人がローマ王の傅育を続けようと望むなら、それについては彼女が主導権を握ることになるが、彼女にあまり過大な犠牲を求めるべきではない。メグリニー夫人はそこからパリに戻ることと思う。公爵夫人が何をしたいのか、わからないが、まずは君に同行したいと望んでいるものと思う。一〇〇万をジョゼフ王に、同額をルイ王に、同額をジェローム王に、同額を国母に、同額をポーリーヌ皇女とエリザに与えなさい。それで六〇〇万使うことになる。そのためのデクレ（政令）を出しなさい。そして皇女たちはリモージュを通って、マルセイユとニースに行くように。それで君の面倒は減るだろう。君に随行した国政参事官と大臣たちはそこからパリに戻るように。君の馬車には金《きん》で一〇〇万を載せておきなさい。（ローマ）王の馬車にも同額の金を載せておくように。皇后庁を善意のある、君に必要な人にゆだねる計画を作って私にみせなさい。君に従う侍女は二人で十分だろう。それは道中の面倒を減らすだろう。ボーアルノワとアルドブランディニが君に従う。すべての人と、七月一日まで君に従う人たちの手当を支払いなさい。われわれは荷物用と乗用の馬で移動している。

さようなら、私の愛しいルイーズ。君のことが心配だ。君の父君に、トスカーナ公国を君のためにほしいと手紙を書きなさい。なぜなら、私はエルバ島だけで十分だからだ。

さようなら、わが友よ。君の息子に接吻をしておくれ。」

マリー・ルイーズはそんなにお金を持って逃げていたのだろうか。ナポレオンは自分の兄弟姉妹に気前のいいことだ。手紙ではあんなに裏切り者といっていたのに。そして実際、常にナポレオンの足をひっぱる存在だったのに。

四月一一日の手紙では最終的な決定が記してある。

「わが愛しい友よ、君の手紙を受け取った。君の苦痛はすべて私の心の中にある。唯一、私にとって耐えがたいことだ。だからこの逆境を乗り越えるように努力しなさい。今晩、君にこれまで決まったことを書き送る。私にはエルバ島が、君と君の息子にはパルム［パルマ、以下、［ ］内はイタリア語読み］、プレザンス［ピアチェンツァ］、グアステラ［グアスタラ］が与えられる（注・三都市を合わせてパルマ公国と呼ぶ）。これは四〇万人の人口と、三〇〇ないし四〇〇万の収入を意味する。君は少なくとも、エルバ島での滞在で疲れた時、私をいやになった時には、それらを癒すための家と美しい国とを持つことができる。それは私がもっと年老えば、君はまだ若いのだから起きうることだ。メッテルニヒはパリにいる。君の父君はどこにいらっしゃるのか、私は知らない。道中で彼に会えるようにした方がいい。もし、君がトスカーナ地方の公国を得られないまま、君の運命が決められるなら、彼に（同じトスカーナ地方の）リュック、マッサ、カラレ［カララ］の公国と飛び領地を要求しなさい（注・リュック、マッサ、カレラはイタリア、トスカーナ地方の都市で小公国を構成していた。一八〇五年、ナポレオンはこれらの公国を妹エリザに与えていた）。それらのことはブリアールに着くまでに終わるだろう。ブリアールで君は私と合流できるだろう。そしてわれわれはムーラン、シャンベリーを経て、パルムへはラ・スペッチア［ラ・スペーツィア］から上陸することができるだろう。アルドブランディニが君の移動に同行するはずだ。君がローマ王のためにしたすべてのことを認める。もしブーベール夫人が来たいということなら、彼女はローマ王の教育のために適切な人だ。私の健康はよい、とりわけ、君が私の不運にも満足していてくれ、まだ幸せと思っていてくれるのなら、私の意気も盛んなままだ。さようなら、わが友よ。君を想い、君の苦痛が私にとっては大きい。すべては君に。ナプ」

はかない希望

ナポレオンはエルバ島に渡っても、妻と息子が合流して、共に暮らせることを期待している。自分はエルバ島を動けないが、妻はその領地のパルマ公国とエルバ島を自由に往復し、四〇〇万フラン（公国での収入）プラス自分の三〇〇万の年金でのんびり、ゆっくり暮らせばいいと、すっかり引退者の気分でいる。ひどく楽観的だ。四月一五日午後四時に書かれた手紙はその気持ちを明らかにしている。

「わが愛しいルイーズ、この時間に君は父君に会っているはずだ。この会合のため、君はトリアノン宮殿へ赴いていることだろう。君が明日フォンテーヌブローへきてくれることを願っている。そうすれば一緒に出発し、亡命かつ休息の地へ行くことができる。そこでは、もし君がそこに行くことを決心し、栄華を忘れてくれるのなら、私は幸せでいられるだろう。わが息子に接吻を、そして（私の愛情を）信じておくれ。ナプ」

当初、マリー・ルイーズもフォンテーヌブローで合流し、一緒にエルバ島へ行くことを考えていた。しかし、道中の安全が保障されないといわれ、またエルバ島での将来を考えると、ためらうところがある。まずは祖国の父親に会ってから、という気持ちになるのも仕方ないかもしれない。ナポレオンから絶対の権力がなくなって、少し服従心も失せてきた。

四月一九日付の手紙では、

「バイヨンが君の四月一八日の手紙を持参してくれた。君の消息を知るため、新たに彼を君のもとへ派遣する。彼は、明日宿泊予定地となっているブリアールで私と合流するだろう。そしてアレクサンドル皇帝との君の会見について、詳細を報告してくれるだろう。このような訪問を受けさせてしまうことになって、遺憾に思っている。しかしながら、彼は如才なさもエスプリも持っているから、彼が君の気持ちに沿わないことは何もいわないだろうと思っている。しかし、悪気ではないのだが、不作法なことを言い出しかねないプロイセン王を迎えざるを得ないことを遺憾に思う。君が行くべき湯治場から離れていることを腹立たしく思っている。いずれにせよ、自愛の上、断固として君の身分にふさわしい態度を維持し、不幸に対処していく勇気を持つことを願っている。さようなら、わが愛しいルイーズ。

すべては君に。」

この手紙では、ロシアのアレクサンドル皇帝とプロイセン王がマリー・ルイーズに会いたがっていること、敗者のマリー・ルイーズとしては彼らとの会見をいやでも拒否できないこと、そんな状況に陥らせたことをナポレオンはすまながっていることがわかる。この二人の勝者は、マリー・ルイーズを敗者の妻としてより、同じ勝者仲間のフランツ皇帝の娘として扱った。なかなかの策士たちで、ジョゼフィーヌにも会っている。アレクサンドル皇帝はジョゼフィーヌに魅せられたことでも有名だ。そのほか、湯治場に行くことが予定されていることがわかる。ナポレオンの遠征中から、摂政として重責を担ったマリー・ルイーズは、体調を崩し、休養を必要としていた。それについてやりとりされた手紙はないが、湯治に出かけるのはナポレオンも承知のことだったようだ。それで、後にウィーンに到着後、日を置かず、息子を残して湯治に出かけたことも納得できる。

マリー・ルイーズの述懐（6）——皇帝退位まで

ロシア戦役のあとの陛下は、躁鬱状態でした。躁の時は全盛期のような言動をおとりになるし、鬱の時は、絶望的でいらっしゃいました。思い通りにならない国際状況、今までが思い通りにしててらしたから、我慢できなくていらっしゃるでしょうが、父君だって、どんなに屈辱的な状況を耐えていらしたか、それを強いたのは陛下でした。外交官たちに任せて、国土が狭くなっても、皇帝の権威が失われようと、耐えていかなければならなかったのです。でも陛下はそれを耐えることがおできにならなかった。最大値を維持しなければならなかったのです。それに、負けのこんだ皇帝には、民意もついていかない、その現実をご承知だったから、どうしても戦争で勝たねばとお思いになられたのですね。ローマ王に残してやりたい、その一念でした。

一八一三年七月にマインツで合流した時も、空元気と申しましょうか、前年のドレスデン（一八一二年五月六日）の時と違って、お互いの気持ちがかみ合わず、上滑りでした。ドレスデンでも不安な要素が潜んでいましたが、マインツはまるっきり薄氷を踏む思いでした。

摂政に任じられたことは、意外でした。オーストリア女に任せていいのかという声もあったでしょう。オーストリアでは、マリア・テレジア曽祖母さまといった女帝もいらっしゃいましたし、女だから政治に口をはさんではいけないといったこともありませんでした。ですから、いくらかは政治や外交を見聞きしていました。でも閣議を主宰したり、内外の諸問題に関わる決定を下したり、本当にあんなに責任の重いものだとは、想像もしておりませんでした。大臣や政府高官のだれを信用していいのか、陛下のご兄弟のどなたが正しい意見をいってくださるのか、それさえわかればよかったのですが。陛下がジョゼフお義兄様を皇帝代理官に任命されたので、ジョゼフお義兄様のアドバイスを得ようとすると、陛下はだめだ、ジョゼフお義兄様のいうことは信用するなとお手紙にあるし、何がなんだか、五里霧中の状態でした。ローマ王は三歳の反抗期に入るし、陛下は手紙でいろいろおっしゃるし、疲労困憊、早く湯治に出かけないと、ストレスで倒れそうでした。

ライン川から後退し始めたら戦場は一挙にフランス国内に移りました。あれよあれよでです。私はどう行動すべきか、パリを死守せよ、という意見が強かったのですが、結局、ジョゼフお義兄様の助言が陛下の意思を伝えているというので、ロワール地方のブロワに逃れることにしました。陛下は、ローマ王がオーストリアに引き取られるくらいなら、殺せと指示されていたようですが、そこまでおっしゃられるとは、私は納得がいきませんでした。オーストリアは私の生国です。ロシアに連れて行かれるというのなら、話もわかるのですが。オーストリアは私の生国です。ロシアに連れて行かれるというのなら、話もわかるのですが。こんなところに、危機になった時、陛下との意見の違いを感じます。陛下との合流を望んでいたのですが、とうとうできないままにお別れになってしまいました。オルレアンにいた時、合流のチャンスだったのですが、陛下は慎重にとおっしゃるし、もしかしたら、敗残のお姿を見せたくなかったのかしらと、あとになって思いました。金や宝石やいろんなものを運びながらの逃走、人は多いし、緊張で気が狂いそうでした。

連合国との交渉で、陛下はエルバ島へおいでになることに決まりました。私やローマ王もご一緒に行くのかと思っていたら、そうではなくて、私にはパルマ公国が与えられるという話になりました。エルバ島はどこにあるか、くらいは知っていましたが、小さな、何もないところだと、行ったことのあるものから聞きました。皇帝の称号は許されていましたから、一応エルバ帝国ということになるのでしょうが、これまでを考えると、もう陛下がおいたわしくて、涙が出てきました。でも冷静に考えてみると、そんな辺鄙なところで私も生活できるのだろうかと、不安になってきました。パルマ公国を与えられるというのは、私に陛下とは別の生活をするようにという、連合国の意思が働いているようにも思えました。まずは父君にご相談申し上げてからと、父君に会うことだけを考えていました。

7　ナポレオン、エルバ島へ

ナポレオンは四月二〇日にフォンテーヌブローを出発する。宮殿の馬蹄形の階段の最上段から、親衛隊にお別れの演説をする。感動的な演説だ。国内を南下し、四月二七日に地中海沿岸のフレジュスに到着、ここからエルバ島へと渡る。五月四日、エルバ島のポルトフェライオに到着する。いよいよ流刑生活のスタートだ。

マリー・ルイーズはウィーンへ

一方、マリー・ルイーズはどこにいるのだろうか。四月二日にブロワに入り、八日まで滞在した。そののちオルレアンに移る。一三日にはさらにランブイエに移動している。そこでアレクサンドル皇帝やプロイセン王に会った。父フランツ皇帝の指示で、四月二四日、ウィーンに向け出発する。シェーンブルン宮殿に到着したのは、五月二一日のことであった。

当初、マリー・ルイーズはこのウィーン滞在を一時的なものと考えていた。湯治治療をすませ、心身の状態が落ち着いたら、夫のいるエルバ島へ行こうと考えていたのである。しかしそうはさせまいという陰謀があった。父親もそれに加担していた。父フランツ皇帝はランブイエで会った時、ウィーンで休養したあと、エルバ島へ行けばいいと言っていたが、その言葉を守る気はなかった。

女官長のモンテベッロ伯爵夫人や息子の傅育係モンテスキュー夫人などを含めて二二名の皇后庁は、シェーンブルン宮殿の一角に住むことになる。

湯治先はサヴォワ地方のエックス・レ・バンである。サヴォワ地方は、サヴォワ公国から一七九二年フランスに併合され、フランス領となっていた。ナポレオンの支援者が元皇后を誘拐して、エルバ島へ連れ去るかもしれないという惧れや、マリー・ルイーズ自身の意思でエルバ島へ行きかねない可能性もあった。そこで息子はなかば人質としてウィーンに残し、マリー・ルイーズの見張り役としてナイペルグ伯爵をつけることになった。三九歳の隻眼ではあるが、魅力的な男性である。六月二九日に出発して、七月一六日にエックスに到着し、滞在は六週間の予定であった。ナポレオンはすでにエルバ島にすみつき、マリー・ルイーズが来るのを待っていた。七月三日の手紙では、

「わが愛しいルイーズ、私は君の六月二二日付の手紙No.八と一一を受け取った。そのほかの手紙は紛失したようだ。君と息子の健康について、君が知らせてくれた消息は私にとってとても喜ばしいものだった。君はできる限り早くトスカーナに行くべきだと思う。そこにはエクサン・サヴォワと同じくらい良質の温泉と自然がある。それは何よりもいいことだ。君の消息をより頻繁に受け取れ、君がパルムにいればより近くになり、君は息子と一緒にいられて、だれにも心配をかけることがない。エックス（レ・バン）への君の旅行は不都合そのものだ。この手紙を君がそこで受け取ったなら、そこは一シーズンだけにして、健康のためにトスカーナに行きなさい。私の健康はよい。君への思いは変わらず、君に会いたい思いは募るばかりだ。さようなら、わが愛しい友よ。優しい接吻を息子にしておくれ。すべては君に。ナプ」

マリー・ルイーズはおそらくこの手紙をエックス・レ・バンで受け取ったであろう。エックスでの湯治を不都合だというナポレオンの意見をどう受け止めただろうか。次の手紙は八月一八日付で、

「わが愛しいルイーズ、私はしばしば君に手紙を書いた。君も同じことだったことと思う。しかしながら、私は君がウィーンを出発して数日内の手紙以降全く受け取っていない。息子についての消息を一通も受け取っていない。こうしたやり口は愚かで残忍なことだ。国母陛下は当地で元気にしておられる。お住まいもいいところだ。私は元気でいる。君の居室も準備が整い、私は九月にはブドウの収穫をするつもりだ。君の旅行についてだれも反対する権

利はない。この点については先に書いた通りだ。だから来ておくれ。一日千秋の思いで待っている。君に対して抱いている私の気持ちをすべてご承知だ。これ以上詳しくは書かない。この手紙が着かない可能性があるからだ。ポーリーヌ大公妃がここに九月半ばに来るだろう。君のお祝いがあったね（注・八月二十五日、聖ルイの祝日ルイーズはルイの女性形）。よいお祝いであるように。妻子が私に手紙を書くことを妨げるといったやり口を訴えておくれ。このやり口は実に卑劣だ。アディオ、ミオ・ベーネ。ナプ」

ナポレオンはマリー・ルイーズが息子と共に来てくれるものと信じて、居室も整えている。しかし、ブドウの収穫をすると書かれて、牧歌的な雰囲気をマリー・ルイーズが喜ぶと思うのだろうか。収穫の手伝いをさせられるのか、と思ったりしないだろうか。ミオ・ベーネと呼ばれても空々しく感じられる。八月二八日付では、

「わが愛しい友よ、君の八月一〇日付手紙No.一五を受け取った。君はそれ以降の私の手紙を受け取られたと思う。コルヴィサールが君と一緒にいることを知って喜ばしく思う。私は海から六〇〇トワーズ（一一六九メートル）にある隠居所にいる。そこから地中海を一望でき、クリ林の中にある。国母陛下は一五〇トワーズ（二九二メートル）低い村落にいらっしゃる。ここの生活はとても快適だ。私の健康は上々だ。一日の一部を猟をして過ごしている。君と息子に会いたい。イザベイ（宮廷付画家）に会うのが楽しみだ。彼がスケッチするにふさわしい景色がここにはある。さようなら、わが愛しいルイーズ。すべては君に、君のナプ。君が私に送ってくれたものにお礼を申し上げる。」

まだマリー・ルイーズはエックス・レ・バンに滞在中である。番号付けされた手紙がすべてその各々の手元に届くとは限らない。マリー・ルイーズは夫に何を送ったのか、品名については書かれていないが、自分の髪を切って送ったという。

マリー・ルイーズの不倫

マリー・ルイーズは父皇帝あるいはメッテルニヒがつけた監視役のナイペルグ伯の存在を、当初はうっとうしく思っていたが、そのうち信頼し好ましく思うようになっていた。二人は九月五日にエックスを出て、スイスへとまわっている。九月二七日、ピクニックに出かけ、嵐にあった。その嵐を避けるために泊まった宿で男女の関係ができた、といわれている。マリー・ルイーズの不倫を責める人は多い。しかし二二歳の生身の女性、夫といつ会えるかわからない心理的な不安、そして肉体的欲求もあって不思議はない。ナイペルグ伯爵は軍人で、男らしく、頼りになる。少女時代からなじんだ自国の男性でもあるし、年齢差もマリー・ルイーズのファーザーコンプレックスを満たしてくれそうだ。

一〇月一〇日、ウィーンのシェーンブルン宮殿に帰ってくる。ナイペルグ伯爵も一緒だ。呼び名がローマ王からオーストリア風にフランツと変わった息子は母の帰国に大喜びだ。

九月一八日から始まっていたウィーン会議では、マリー・ルイーズの処遇も議題の一つであった。パルマ公国の女王になれるかどうか、各国の思惑は一様ではない。

八月二八日付の手紙以降、二人の通信は途絶えてしまう。

ナポレオンからマリー・ルイーズへ、翌年一八一五年三月一一日リヨンから、短いがとても有名な手紙がある。

「皇后陛下、そして親愛なる友よ、私は皇位を取り戻した…。」

しかしマリー・ルイーズはもう気持ちの上で、ナポレオンの妻でも、フランス人民の皇后陛下でもなかった。

一八一〇年四月一日に結婚して、一八一四年四月六日のナポレオン退位までと考えると四年間の結婚生活であったといえる。この間、ナポレオンと一緒に過ごしたのは、二年八か月であった。

パルマ公国女王となる

ナポレオンはその後ワーテルローの戦いで敗れ、皇帝復位は一〇〇日天下で終わる。この間もマリー・ルイーズはウィーンを離れない。ナポレオンは一八一五年八月八日、ヨーロッパ大陸を離れ、南大西洋の孤島セント・ヘレナ島に一〇月一五日に到着した。

一方、マリー・ルイーズは一八一六年三月、パルマに向かって出発する。パルマ到着は四月二〇日であった。王政復古したフランスを含む連合国首脳の協議の結果、この地位が得られたというのは、やはりオーストリアの皇女であったことが大きいのだろう。マリー・ルイーズはこの公国を息子フランツに残そうと思ってこだわってきたが、継承権は認められず、一代限りであった。そもそもウィーンに残されたフランツは、結核にかかり、結局二一歳で若死にしてしまう。ボナパルト皇朝のみならず、パルマ公国を継がせることもできなかった。

マリー・ルイーズは、ナイペルグ伯爵を首相として、パルマの統治にいそしむ。ナポレオンがセント・ヘレナ島で死亡した（一八二一年五月五日）年の八月八日、ようやくナイペルグ伯と結婚することができた。二人の間には内縁関係中に二児、そして結婚式数日後に三児目が誕生するが、その子は生後すぐに死亡した。正式に結婚したものの、やはりその関係はひそやかなものであった。

マリー・ルイーズは一八四七年一二月一七日、パルマにて死去。五六歳であった。遺骸はウィーンに運ばれ、ハプスブルグ家歴代が眠るカプツィーナ教会に葬られた。

マリー・ルイーズの述懐（7）——パルマ公国女王として

陛下はフォンテーヌブローからエルバ島へおいでになり、私は陛下のご兄弟とは別れて、ローマ王を連れてウィーンへ戻りました。亡命生活が始まりました。ローマ王、もうローマ王とは呼べなくなり、フランツと呼ぶようになりました。父君には初孫にあたり、とてもかわいがってくださいました。フランツも最初は急にドイツ語の世界になって、混乱していましたが、まだモンテスキュー夫人も側におりましたし、子どもらしく、順応していきました。

エルバ島の陛下のことはとても気になりました。ご不自由だろうと、いろんなものをお送りしたかったのですが、それについてはお許しがなくて。手紙の往復も途絶えてしまいました。どうもきちんと届いていなかったようで、ちぐはぐになっていきました。ナイペルグ伯、彼のことがあって、私はナポレオンの妻失格とされてしまいましたね。

さらにフランツの母としても失格の烙印を押されてしまいました。

「いかなる手段を講じても、エルバ島行きを妨げよ」という指示が父君からナイペルグ伯に出ていたとか。そのいかなる手段とは何を意味するのか。力を持ってという意味なのか、男女関係を意味するのか、私にはわかりません。陛下からは、エルバ島へ来るようにとお手紙ごとに書いてありました。私やフランツへの愛情もよく伝わり、葛藤はありました。でも、身近な存在の方が強いものですわ。

パルマ公国女王の地位もすんなり決まったわけではありませんでした。連合国内でもいろんな意見があって、父君がお力を添えてくださったので、結局、私の代限りということで、女王になることが決まりました。フランツについては、将来、別途考えるからと父君がおっしゃってくださるし、フランスはブルボン王家が復活するというので、私や息子の居場所もありません。パルマ公国をいただいて、ようやく安心できました。

一八一五年三月、陛下から復位されたというお手紙をいただきました。パリへ戻らなかった理由は、一〇〇日天下に終わるという先見の明があったわけではありません。もう戻れない理由があったのです。ナイペルグ伯の存在です。夫が流刑にあっている留守に男を作ったといった非難はやめてください。男にだけ現地妻が許されるとか、女にだけ貞節を求めるというのは、おかしいと思います。また私とナイペルグ伯の間は、そんな尺度ではかってほしくありません。とても真面目な愛情だったのです。陛下と離婚できるものなら、そうしていたと思います。

ナイペルグを首相に任命し、二人で公国を統治しました。規模が違いますが、摂政となって、政治や行政に直接携わったのは役に立ちました。ナイペルグとの間に子どもができた時、困惑しました。陛下との間には難産の末にフランツが生まれて、もう二児目は期待しない方がいいと、主治医にいわれましたから、妊娠するとは思わなかったのです。一八一七年五月に娘が、一八一九年に息子が誕生しました。パルマ公国の女王と、その首相との間に生まれた子どもなのに、日陰の身にしなければならないのは、親としてとてもつらかったです。でも陛下が生きていらっしゃる間は、どうしようもないことでした。それからといって、陛下の死を望んだことはありません。セント・ヘレナという本当に遠いところへいらして、どんな生活を送っていらっしゃるか、気になっていました。

一八二一年五月五日に陛下が亡くなられて、私は未亡人ということになりました。ナポレオンという名前から解放されたのです。どんなに重かったか、彼が生きていたために、かわいい息子のフランツとも離されていたのです。フランツは父親の死をとても悲しみました。逝去の三か月後、ナイペルグと正式に結婚いたしました。ずっと私を支えてくれた人ですから、とてもつらかったです。

一八二九年にはナイペルグ伯が亡くなりました。一八三二年七月二二日にはライヒシュタット公となっていたフランツが亡くなりました。父親と生別し、寂しい環境で、母親とも別れ別れで暮らしてきた息子、二一歳の若さで亡くなるなんてかわいそうなことでした。生まれてきた時の父ナポレオンの喜び、期待を思うと、切なくなります。

ナポレオンの妻でなければ、問題にもならないことがほとんどでしたが、たった四年半の結婚が私の五六年の生涯を支配しました。正確には結婚後の三六年間ですが。ナポレオンという希有の人物と結婚したから、その妻という肩書きがついてまわりました。実質からいえば、ナイペルグの妻であった期間の方が長かったのです。

陛下が亡くなられた時、遺言で心臓を私にということでしたが、正直いって迷惑でした。私にとってはもう過去の人でした。伝説を作ってはいけないというので、心臓を別に取り出すことはなかったそうですね。それでよかったのです。もし私のところへ届けられたら、どうしたでしょう。おそらく、息子のライヒシュタット公のもとに送ったでしょうね。

コラム4・ナポレオン、フランスへ帰る

一八二一年五月五日午後五時四九分、ナポレオンは五一歳の生涯を閉じた。死因はおそらく「胃潰瘍もしくは胃がん」であろうと言われている。セント・ヘレナ島の中、彼の好んだゼラニウムの谷の泉のほとりに墓所が設けられた。

逝去後一九年を経た一八四〇年、フランス政府は遺灰（本人の遺言書での表現）引き取りを決定する。同年一〇月一八日、ナポレオンを載せた船は、セント・ヘレナ島を離れた。そしてフランス、シェルブール港に到着したのは一一月三〇日であった。ここで蒸気船に移され、ル・アーヴルを経てセーヌ河を遡る。パリ近郊のクールブヴォワに到着したのち、ここからは陸上を運ばれる。昔の近衛兵たちは、しまいこんでいた古い軍服やマントを取り出し、着用して参集した。アンヴァリッド（廃兵院）の正面に国王ルイ・フィリップが出迎え、ナポレオンの遺骸のはいった棺を「フランスの名において受領した」のである。一八四〇年一二月一五日のことである。今日、アンヴァリッドのドームの中央にある大理石の棺は、ナポレオンⅢ世がロシアのカレリア斑岩をもって、イタリアの彫刻家ヴィスコンティに依頼して作ったものである。それは遺骸帰還からさらに二〇年を経た、一八六一年四月二日のことであった。

アンヴァリッドを訪問する外国人の中で、イギリス人の数が最も多い。それは常にナポレオンの死を確認するためである、といった話がまことしやかに言われていたことがある。ナポレオンは、自分がフランスに戻ったこと、そして一九四〇年に、息子ローマ王も同じところに眠っていることを知っているだろうか。

第5章　その他の女性たち

1　オルタンス・ド・ボーアルネ

父はアレクサンドル・ド・ボーアルネ、母はジョゼフィーヌである。一七八三年四月一〇日に生まれた。父アレクサンドルはオルタンスが月足らずで生まれたことで、出生に疑念を抱いていたという。一七九四年熱月五日、フランス革命後の恐怖政治のなかで父アレクサンドルはギロチンで処刑され、母は未亡人になる。一七九六年三月九日、母はナポレオン・ボナパルトと再婚し、二七歳の若い継父を持つことになる。オルタンスはこのとき一三歳であった。これがオルタンスの運命を大きく変えた。

母に似て美しいオルタンスを継父ナポレオンは非常にかわいがった。母ジョゼフィーヌの希望もあり、またナポレオンが実子の誕生を望めないと思っていたこともあり、オルタンスはナポレオンの弟ルイと後継者を期待されて結婚することになる。この結婚は、当事者双方が望んだものではないという不幸なものだった。一八〇二年一月、ルイ二四歳、オルタンス一九歳で結婚する。オルタンスは教養があり、明朗で魅力的な女性だった。一方、ルイは詩人としての才能はあるものの病弱なこともあって、偏屈、内気、自分の病気のことしか関心がないといった、いわばオルタンスと正反対の性格であった。最初から不仲のカップルだったが、男児の誕生は義務であった。

母親の配偶者としてとはいえ、間近にナポレオンという存在があり、人物の大きさ、出世の早さ、何もかもが桁外れの人間を見ていて、どんな男性でもオルタンスにとっては物足りなかったに違いない。彼女にとって、一つの不幸である。

一八〇二年の結婚から、通算四か月しか一緒にいなかったことは衆知というが、なぜか三児、それも男児ばかりの誕生を見ている。二人の不仲はナポレオンも承知しており、一八〇七年五月二日付ジョゼフィーヌ宛ての手紙に「(前略)オルタンスに夫と仲良くするようにいいなさい。彼女はあまり努めていないようだし、彼女の幸せは彼がいないところにあるようだ。何があったにせよ、彼女の子どもの父親に気持ちよくさせるべきだ。子どもじみた真似はやめるべきです。彼らはそれぞれ年老いていくのですから。」と仲良くするように、忠告している。

この奇妙な夫婦関係ながら、一八〇二年一〇月一一日、長男ナポレオン=シャルル、一八〇四年一二月一八日、次男ナポレオン=ルイ、一八〇八年四月二〇日、三男ルイ=ナポレオンが誕生している。長男ナポレオン=シャルルは、ボナパルト家の次世代の最年長男児であった。かわいい義理の娘オルタンスと弟ルイの子をナポレオンは溺愛する。ナポレオンの溺愛ぶりに嫉妬したナポレオンの妹たちは、ナポレオン=シャルルの父親はナポレオンだといううわさをまき散らす。近親者から出たうわさは真実味をおび、第一子と第二子は父親がナポレオンといううわさは多くの人が信じるにいたった。現代ならDNA鑑定により、親子関係は判明するが、真実はどうだったのであろうか。本人たちはもういない。三男のルイ=ナポレオンがのちのナポレオン三世である。その父親については、長男ナポレオン=シャルルが病気になり、その看病のため、オルタンスがオランダのハーグにいた期間、夫婦の間に束の間の連帯感が生まれ、それが三男の受胎に結びついたという説がある一方、父親として幾人かの候補があがっているが、オランダの軍人ヴェエルエルが有力視されている(もしルイ以外の人物が父親だとすれば、後年、ナポレオン三世として即位した正統性が疑問視される)。

一八〇七年五月五日、長男ナポレオン=シャルルは五歳で死亡する。ナポレオンには一八〇六年一二月一三日に妹カロリーヌの読書係エレオノールに実子シャルルが誕生していたが、正嫡性の問題から、ナポレオン=シャルルを後継者にと考えていたため非常に失望した。そしてそれがジョゼフィーヌとの離婚を考える一因となったのである。

オランダ王妃に

一八〇六年六月五日、ナポレオンはルイをオランダ王に叙し、オルタンスも夫と共にハーグへ赴く。しかし、オランダ王妃となっても、夫との生活を嫌って、オルタンスはハーグを離れ、フランス東部の温泉地プロンビエールに滞在する。

オランダをフランスの一部としか見ていないナポレオンに対し、ルイはオランダ国王の地位を神の思召しにより与えられた、つまり王権神授によるものと考えていた。弟ルイを自分の傀儡と考えるナポレオンとの対立は深まる。この兄弟間の葛藤に疲れたのか、ルイは一八一〇年七月一日、突然王位を放棄し、次男ナポレオン=ルイ(ベルグ大公)を王位につけ、その母オルタンスを摂政に任じるのである。しかし、ナポレオンはこの決定を覆し、オランダをフランスに併合する。つまりオランダ王国を自らの血統で継続させようというルイの意図はすべて拒否されたことになる(長男ナポレオン=シャルルは一八〇七年死亡している)。

オルタンスは「オルタンス女王」の称号を与えられ、独自の「女王庁」を持つことになる。しかしその称号はオランダ女王を意味するものではなく、その後はフランスへ戻り、パリの近郊サン・ロー城または、トリアノン宮殿に住むことになる。夫ルイは突然の譲位後、ボヘミアに移り、イタリアなどを転々とし、フランスへ戻らなかった。したがってオルタンスは実質的に離婚した状態にあり、一八一一年には婚外子モルニー公爵の誕生を見る（父親はタレーランの庶子フラオー伯爵で、この関係から、タレーランの保護もあってオルタンスはナポレオン失墜後も安泰だったといわれる）。

落日のボーアルネ家

一八〇九年一二月一五日、母ジョゼフィーヌはナポレオンとの離婚に追いやられる。オルタンスとルイの間も一八一〇年七月に離婚状態になった。ボーアルネ家の女二人はそれぞれボナパルト家から縁切りされたようなものだ。ジョゼフィーヌを嫌っていた国母陛下を始め、ボナパルト家の女性たちは心の中で喝采を叫んでいる。

しかし、間もなくナポレオンの栄華も終わることになる。一八一四年四月六日、ナポレオンは降伏し、皇帝位を退く。ルイはオルタンスと再出発を望むが、彼女にその気はない。母ジョゼフィーヌと娘オルタンスは連合軍のパリ侵攻を受け、一八一四年三月二九日、マルメゾンからナヴァール城（ジョゼフィーヌが離婚の時与えられた居城）へと避難する。ロシアのアレクサンドル皇帝は復位したブルボン家のルイ一八世にあまり好意的ではなく、ジョゼフィーヌやオルタンスの保護者であることを表明し、五月一四日にはオルタンスの居城サン・ローを訪問する。

アレクサンドル皇帝はジョゼフィーヌの死後もオルタンスの保護を続ける。連合国の中でも重きを占めるロシア皇帝の後見があったため、ボナパルト家一族は全員、外国へ逃れ、追放処分とされたが、ルイ一八世はオルタンスを追放できない。オルタンスは自城のあるサン・ローに公爵夫人領を創設し、年間四〇万フランの年金も受け取れることになる。

あちらを立てれば、こちらが立たず

一八一五年三月のナポレオンのエルバ島からの復帰は、オルタンスを複雑な状況に置いた。皇帝はオルタンスの裏切りを責め、激怒した。オルタンスはその怒りを鎮めるため、子どもの力をかりた。まるでエジプト帰りのナポレオンに閉めだされ、ウージェーヌとオルタンスを持ち出したジョゼフィーヌの再現である。

この時、皇妃マリー・ルイーズはローマ王と共にウィーンにおり、ナポレオンも冷静になれば、帝政を続行するためには、国内にいるオルタンスや甥たちの存在が必要であった。オルタンスはナポレオンに最も近い女性親族として宮廷を取り仕切り、ナポレオンを支える役割を果たす。ところが、ワーテルローの戦いで敗れたナポレオンは一八一四年よりもっともっと厳しい状況に陥る。それはオルタンスにとっても同じことだ。

アレクサンドル皇帝は、一〇〇日天下間のオルタンスの変節を許さない。ルイ一八世への口添えもしない。ボナパルトに連なる者たちはフランスから完全に追放される。

オルタンスは一八一七年まで流浪の旅を続けることになる。一八一七年にはスイスに住むことが認められた。コンスタンス湖畔にあるアレネンベルグ城に三男と共に住む。この城の購入は、一八二一年のナポレオンの死まで、連合国の圧力もあり、許されなかった。その後、オルタンスはイタリアなどへの旅行を除いて、その死までこのアレネンベルグに住むことになる。

流浪の日々

イタリアへの旅行、それはそこに住む夫のルイを訪ね、次男ナポレオン＝ルイを引き取るためであった。一八二六年一一月一〇日、ナポレオン＝ルイは従妹のシャルロット・ボナパルト（ナポレオンの兄ジョゼフの三女）と結婚し、オルタンスのもとを離れる。オルタンスには三男のルイ＝ナポレオンが残るのみになった。母と息子の関係は一層親密なものになる。オルタンスはこの息子を「ボナパルティスト」風に育てる。父親ルイに育てられた次男は、ナポレオンの信奉者ではあったが、おそらくは正しくその思想を理解していなかったのだろう、一八三〇年のイタリア反乱に参加し、失敗する。オルタンスは三男を連れ、イギリスに亡命する。

その後、アレネンベルグに戻ったオルタンスは、マルメゾンでその母がしていたように、ボナパルト家の人々だけでなく、作家や画家、音楽家などを迎え、サロンとしての評価を得る。しかし一八三六年、三男ルイ＝ナポレオンがストラスブールでの反政府の企てに失敗し、アメリカへ亡命した。その後、オルタンスは癌を患い、三男は一八三七年八月、急ぎ帰国するが、オルタンスは一〇月五日、五四歳で亡くなる。遺骸は遺言に則り、のちに母ジョゼフィーヌの眠るルイユ・マルメゾンの教会に葬られる。その墓はナポレオン三世となったルイ＝ナポレオンによって作られた。（ルイ＝ナポレオンがナポレオン三世として皇帝の地位に就くのは一五年後の一八五二年のことである）。ボーアルネ家の女性の一人はフランス皇帝の妻となり、もう一人はフランス皇帝の母となった。オルタンスの生涯もまた、その母親同様、波乱に満ちたものであった。

2 エレオノール・ドニュエル・ド・ラ・プレーニュ

エレオノールの父はパリの市民階級に属するドミニク・ドニュエルである。マダム・カンパンにより開設された上流家庭の子女のための寄宿学校に出入りし、そこでカロリーヌ・ボナパルト（ナポレオンの妹）と知り合う。

一七歳で大尉と称するルヴェルと結婚するが、この男は山師で、結婚式（一八〇五年一月一三日）をあげた二か月後には詐欺罪で逮捕される。カロリーヌのおかげで、エレオノールはカロリーヌの読書係として働くことになる。入牢中の夫とはもちろん別居したままで、一八〇六年四月二四日に離婚する。背が高く、ほっそりした、褐色の髪、黒い瞳の二〇歳に満たない女性は、ある日、ナポレオンのお目にとまる。この出会いは一八〇六年の初めであろう。この若い女性とナポレオンの関係は数か月で終わるが、彼女はすぐに妊娠したことがわかる。一八〇六年一二月一三日、彼女は男の子を産む。ナポレオンにとって、最初の子であり、彼に生殖能力があることを証明した。ナポレオンはエレオノールに一万二千フランの年金を与えた。

子どもはヴィクトワール通り二九番地で生まれる。その戸籍には、母の名前（エレオノール・ドニュエル）だけが記録された。一八四六年、戸籍が訂正され、ルイーズ・カトリーヌ・エレオノール・ドニュエル・ド・ラ・プレーニュ夫人、現リュクスブルグ伯爵夫人より生まれる、と記載された。息子は最初は名前のシャルルだけであったが、のちにナポレオンのレオンをとってレオンという姓がつけられる。

一八〇八年二月四日、エレオノールは竜騎大尉ピエール=フィリップ・オジエと再婚する。二度目の夫はナポレオンのロシア遠征に随行し、戦死した。一八一四年三月二三日、三度目の結婚をするが、相手はシャルル=オーギュスト=エミール・ド・リュクスブルグ伯爵で、彼は当時、パリにおいて、バイエルンの外交官として活躍していた。のちにバイエルン王の大臣となり、パリ、ウィーンで働き、一八五六年七月一〇日に亡くなった。

エレオノール自身は三度目の夫死亡後は寡婦を続け、一八六八年一月三〇日、八一歳で亡くなった(レオン伯爵については、第6章で後記)。

3　ポーリーヌ・フーレス

南仏カルカッソンヌ生まれで、婦人帽製造を生業としていた。帽子店の女主人の甥フーレス騎馬中尉に夢中になり、彼がナポレオンのエジプト遠征軍に加わって出航する時、彼の制服を着て密航した。かわいいブロンド娘で、密航がみつかり、騒ぎとなった時、ボナパルト将軍の目にとまった。ジョゼフィーヌがこの遠征に同行せず、彼女の不実さに嫌気がさしていたナポレオンは、この小粋な地中海育ちの娘に魅せられた。なかなか妊娠しないジョゼフィーヌを離婚して、この若い娘と結婚することすら考えた。夫のフーレス中尉を本国に送り返したが、その船はイギリス軍により拿捕された。軍法務部は、フーレス中尉との法的別居を宣言し、ポーリーヌは自由を得た。総司令官の愛人として、アレキサンドリアでわがもの顔にのさばる。しかし、ナポレオンが期待した妊娠の兆しはなく、ナポレオンはエジプト脱出時にも同伴しない。のちに、ポーリーヌはパリに現れる。当時第一執政になっていたナポレオンは大金を与える。ランシュー伯爵と再婚し、この夫はハンブルグ領事に任命される。音楽家、小説家、そして画家として活動し、ポーリーヌはナポレオンの死後五〇年を生き延びたのである。

そのほか、イタリアの歌姫ラ・グラッシニ(La Grassini)、コメディー・フランセーズの女優ブールゴワン嬢(Mlle Bourgoin)、やはりコメディー・フランセーズの女優だったジョルジュ嬢(Mlle George、本名 Marguerite-Joseph Weimer)、マティス夫人(Mme de Mathis)、ペラプラ夫人(Mme Pellapra)の名前も浮気相手として挙がっている。ペラプラ夫人については、一八〇八年ごろの愛人であった。娘のエミリーはナポレオンの子であるといわれている。

エルバ島にいた間は、短期間でもあり、またマリー・ルイーズが来ることを待っていたため、女性関係はあまり話題になっていない。しかし、セント・ヘレナ島では長期に渡ったことであり、性的欲求を満たすという意味での女性関係はあったようだ。

以下、両角良彦氏の『セント・ヘレナ抄』によると、モントロン夫人アルビーヌ、ベルトラン内大臣夫人ファニィ、島の娘ニムフなどと肉体関係があったようだ。先の二人については、証拠として、遺言に多額の遺贈が記載されていたこと、またニムフについては結婚にあたり、多額の祝いを与えたことなどが挙げられている。精神的な愛情はなかったにせよ、こういった女性関係があったことを考えれば、マリー・ルイーズのナイペルグ伯との関係だけを責めるのはかわいそうである。

コラム5・ナポレオン豆知識

紋章――ナポレオンの紋章として、鷲と蜜蜂が一八〇四年五月一八日、帝国創立と同時に決められた。これらの動物が選ばれたのは、ナポレオンが任命した国務院の中の委員会によってである。ほかに候補としては、ゴールの雄鶏、君主の力を象徴する象、百獣の王ライオン（イギリスの豹を打ち負かしたといわれる）などがあったが結局、鷲が選ばれた。これは絶対的な力をもったジュピターの象徴でもあり、またローマ帝国、シャルルマーニュ帝の象徴でもあったからだ。蜜蜂は、クロヴィス王の父チルデリックの墓でみつかった金の装飾を想起してのことだろうと言われている。戴冠式にまとうガウンの模様に使用された。

生活習慣――ナポレオンは少食で、食べるのは早かった。好物はチキン、ポタージュ、乾燥インゲン豆、レンズ豆、スパゲティやマカロニ、パルメザンチーズなどである。飲み物ではワインのシャンベルタンを水割りで、またシャンパンも大好きだった。とても清潔好きで、毎朝、熱いお風呂に入り、一日二回、清潔な下着に着替えたという。

病歴――トゥーロンにいた時、悪性の疥癬《かいせん》に罹った。この病気は治癒に長くかかり、そのため青年期はやせっぽちで貧相だった。これを直したのは主治医のコルヴィサールであった。毎日の入浴や下着を変える習慣は、このためかもしれない。このあとは肥満になっていく。当時の騎士の常として痔疾にも苦しんでいた。一八一四年エルバ島を脱出する時は、性病にも罹っていたという。視力はあまりよくなく、後年ではメガネも使用していた。肝臓が悪いため、片手を胃のところにあてた格好をしていた。死因は胃がんの再発だといわれている。

第6章　子どもたち

——嫡子、婚外子そして養子

ナポレオンは自分の血を継承する子どもにこだわった。それも高貴な血を継ぐ子どもである。さらに、彼はあくまで男児にこだわった。それはおそらくブルボン王朝の長男子相続を引き継いだのだろう。ブルボン王家は、「直系の男児が相続する。直系にいなければ、先祖にさかのぼり、もっとも近い男子が相続する」という長男子相続制度をとっていた。当時のフランス人にはこの制度が不可侵のものと映っていたのだろう。日本でも皇室は「皇統に属する男系の男子」(皇室典範第一条)と、男子の相続を決めている。しかし、日本では歴史的には、側室制度があり、正妻以外の子にも皇位継承権が存在した。そこがフランスとは違うところである。

フランスでは、嫡出子の男児でなければならなかった。ナポレオンには婚外の男子がわかっているだけで二人いるが、その二人は継承者とはなりえないのである。オルタンスの最初の二人の息子がナポレオンの胤ではないか、という説もあるが、正嫡子であるマリー・ルイーズとの子、ナポレオン二世を入れても、すべての子どもが男児であるというのは面白い結果だ。

ジョゼフィーヌとの間に子どもができる可能性がないから離婚する。それなら妊娠がわかっていたマリー・ヴァレフスカと結婚するか、といえばそれはあり得ない。貴族の出身ではあるが、人妻であり、正統性を担保するローマ教皇からの祝福は得られない。ましてや王族でもない。一代で成り上がった皇帝にとって、必要なのは高貴な血の導入だ。

以下、ナポレオンの子どもたちの誕生から死にいたるまでを紹介する。庶子としてレオン伯爵とヴァレフスキー伯爵を挙げているが、厳密には庶子は存在しない。レオン伯について、ナポレオンは認知していないので、あくまでエレオノールの私生児となる。またヴァレフスキー伯は、ヴァレフスキー家の籍に入っており、そちらの嫡子扱いになっている。

1　嫡子ナポレオンⅡ世――またはローマ王、のちのライヒシュタット公

誕生秘話――難産の末の誕生

一八一一年三月二〇日生まれ。父はナポレオンⅠ世（四二歳）、母はオーストリア皇女マリー・ルイーズ（一九歳）である。生まれる前からローマ王に叙せられることになっていた。なぜローマ王かといえば、ナポレオンはフランスの皇帝であると同時にイタリア王でもある。現在のイタリアとは異なり、当時まだイタリアは分裂していたため、象徴的なローマ王という肩書きを与え、いずれはフランスも含めてすべてを継承させるつもりであった。ちなみに皇女であれば、ヴェネチア皇女と呼ばれる予定であった。正式な名前はナポレオン・フランソワ・ジョゼフ・シャルルである。母マリー・ルイーズの初めての出産は逆子による難産で、母子共に生命が危ぶまれるほどであったという。

生まれてきても、産声が聞こえない。死産なのか、あらかじめ傅育係として任命されていたモンテスキュー夫人が数滴蒸留酒を赤子の口元に垂らす。その効果なのか、泣き声が出る。といわれているが、生まれてきたばかりの赤子に実際に酒を飲ませたのか、疑問でならない。

いずれにせよ、待ちに待ったわが子、それも男児誕生だ。ナポレオンは歓喜の絶頂にある。オーストリアの岳父フランツ皇帝へ直ちに手紙を送る。またジョゼフィーヌの祝い状への返事では「わが息子は太っていて、大変元気だ。彼が元気に育つことを願っている。彼は私の胸、口、

目を持っている。」「彼がその運命を全うせんことを願っている」と書いている。その運命が父ナポレオンの運命と相関関係にあり、二一歳の若さで一生を終わることをまだ父は知らない。

呼び名の変遷

ナポレオンII世となるのは、父の退位による。一八一四年四月四日、ナポレオンは退位し、その地位を息子に譲るという内容の降伏文書に署名する。しかし、この条件降伏は認められず、四月六日、無条件降伏を受諾する。ナポレオンおよびその子孫の皇位継承は認められない。

一八一四年初め、連合国軍が攻勢をしかけてきた時、ナポレオンはマリー・ルイーズを摂政に任命する。同時に兄ジョゼフを皇帝代理官に任命したのが、のちの終戦処理を過つ原因となる。一月二五日、ナポレオンは妻と子に別れを告げ、出陣するのである。結局、これが親子の終生の別れとなった。

一八一四年三月三〇日、パリは連合軍の入城を許し、敗戦の将ナポレオンは退位する。そして、父はエルバ島に流され、母はウィーンの実家に帰ることになる。四月二四日にランブイエ城を出、五月二一日、母マリー・ルイーズとローマ王はシェーンブルン宮殿に到着する。

この日から、「レグロン（l'Aiglon）」（鷲のひな、ナポレオン二世のこと）は金の鳥かごに捕われの身となった。オーストリアではフランツの名で呼ばれた（ナポレオン・フランソワ・ジョゼフ・シャルルの名の中のフランソワ、すなわちドイツ語ではフランツから）。

母は母の人生を

政治的状況がそれを課したとはいえ、母親はフランツを一人ぼっちにした。ウィーンに戻って二か月も経たない六月二九日にエックス・レ・バンに湯治に出かける。コロルノ公爵夫人という偽名を使い、随行団三三名という大所帯だ。しかしフランツは残していく。フランツを同行すると、残存しているナポレオン派の誘拐もあり得るし、またマリー・ルイーズが母子でエルバ島へ渡ってしまう可能性も無きにしも非ずだ。祖父のフランツ皇帝は、オーストリアの立場上、ウィーン会議の間、マリー・ルイーズが不在なのはいいが、エルバ島へ行かれると大いに困る。そこで監視役としてナイペルグ伯爵をつける。結局、マリー・ルイーズはナイペルグ伯と恋に落ちてしまう。

一人残されたフランツはどんな気持ちだったろうか。祖父の皇帝は大変かわいがったというが、いつも会えるわけではない。フランツたち、亡命組はウィーンから数キロのシェーンブルン宮殿の一角に住んでいた。頼りの母はさっさと湯治に出かけ、傅育係のモンテスキュー夫人がついているとはいえ、三歳ちょっとのフランツは寂しい思いをしたのではないだろうか。出産後、健康を損ねたマリー・ルイーズが、ナポレオン失脚にいたる修羅場続きの疲れで困憊し、それを癒したい気持ちはわかるが、いささか理解しがたい湯治旅行ではある。フランツは賢い子どもで、父親のことをよく理解しており、フランスからの逃亡を嫌ったという。どうやって敵国の雰囲気に順応していったのだろうか。

マリー・ルイーズは湯治場からウィーンに戻ると（一八一四年一〇月一〇日）、まだウィーン会議の最中で、列国の思惑の中で翻弄される。一八一五年二月にナポレオンがエルバ島脱出、三月パリ到着、皇帝に復位と聞いてもウィーン残留を決める。

四歳になったフランツは、郊外のシェーンブルン宮殿から市内のホフブルグ宮殿に移され、養育係もフランスからついてきたモンテスキュー夫人は解雇され、オーストリア人の男性がつく。まさに金の鳥かごに入れられたのだ。言語・行動・教育すべての面でゲルマン化がはかられていく。メッテルニヒはその役目にディートリヒシュタイン伯爵を任命する。

二度目の決定的なナポレオンの敗北の後、母マリー・ルイーズにようやく一代限りという条件で、パルマ公国の女王の地位が確保される。せめて息子にどこかの王位をという思いで奮闘していたが、とりあえずは自分の地位を確保できて満足する。ただし一七九六〜九七年ナポレオンのイタリア遠征時、美術品や財宝を略奪されたイタリア側の記憶が、ナポレオンの愛児をパルマへ連れて行くことの妨げになる。一八一六年三月、マリー・ルイーズは単身でパルマに出発する。親子関係の希薄さは、当時としてはそれほどめずらしくないことだ。

出生前からローマ王とよばれた赤子は、ナポレオン退位時、ナポレオンII世ともなったが、すぐに連合国により否定された。母がパルマ公国の女王にあてられて以来、パルマ小公子とも呼ばれたが、パルマ女王の地位も一代限りとなり、継承権もないことから、この呼び名もそぐわなくなった。ナポレオンという名前を使わせないため、ボナパルト家からハプスブルグ家に移す必要もある。当初は洗礼名の一つであるフランソワつまりフランツとよばれることになった。祖父フランツ皇帝はライヒシュタット公爵という名称を選んだ。これはフランツ皇帝の弟ライナー大公の所有するライヒシュタットという土地があり、その領有権を提供してくれたのである。この名称は彼が七歳を過ぎた一八一八年八月から使用された。

母恋しの思いは募るが、なかなか母はウィーンに帰れない。パルマの統治を安定させなければならない。さらに首相として同行したナイペルグ伯との間に一八一八年五月一日には娘が誕生する。ナポレオンはまだ存命中でもあり、不義の子である。厳しく秘密が保たれた。

孤独な二世

ウィーンで教育を受けているフランツは、ナポレオンによく似ていたという。一途な性格も、また聡明さも父親似であった。

母親との再会は一八一八年六月、実に二年三か月ぶりである。母親への慕情をしっかり耐えてきた貴公子が、ただの七歳の坊やに戻ったことだろう。なぜ母親と一緒に暮らせないのか、七歳でも王族の一員として、宿命を感じ取っていたのだろうか。

一八二一年五月五日、ナポレオンがセント・ヘレナ島で死亡したニュースを受けた時も、母と忘れ形見は抱き合って感情を分かち合うのではなく、パルマとウィーンに別れ別れで、手紙での感情吐露になった。母と子の思いは一つではなかったが。フランツにとっては、ほんのわずかの記憶しか残っていないにせよ、学んでいく歴史や政治の中で、たとえオーストリアの立場からのものであったにせよ、父ナポレオンの偉大さを知っていく。

一八二八年夏、フランツ皇帝はライヒシュタット公を陸軍大尉に任命した。軍人としての父に憧憬の念を持っているフランツは大喜びだ。母からは父ナポレオンの遺品の刀をお祝いとして贈られる。軍事訓練への熱意がいっそうわき出るフランツだ。

一八二九年二月、ナイペルグ伯が死亡する。これによりマリー・ルイーズの秘密の結婚と二人の子どもの存在が表に出る。フランツにとっては、母の裏切りにも思える。まだナポレオンがセント・ヘレナに生存中に、母はほかの男と子どもをなしていたのだ。母が一層遠い存在に思える。

一八三〇年、ポーランドやベルギーで、国王としてナポレオンII世を迎えようという声があるが、宰相メッテルニヒは認めない。フランツもフランス国王の座以外は望んでいなかった。

結核を患う

一八三一年夏、フランツの身に結核が顕在化する。一八二三年にその兆候が見えたのだが、順調に成長する少年、そして青年となるフランツに回りは油断していた。一六五センチしかなかった父に比べ、二世は一九〇センチ近く身長があった。療養生活を送ったり、軍隊に戻ったりの生活を送る。しかし、病気は着実に進行し、一八三二年七月二二日、とうとう命の灯は消えた。母マリー・ルイーズは一月前にパルマから戻り、臨終の場には立ち会った。二一歳の若すぎる死であった。父に似た胸、口、目を持っていたはずだが、胸の病で死するとは…。

ルイ一六世の忘れ形見のルイ一七世が終生牢獄の中で過ごし、侮辱の的とされ、教育も施されることなく、成長していったことを考えると、ナポレオンII世がウィーンに来てからの生活は悪くないものだった。ハプスブルグ家のプリンスとして、大切に育てられている。メッテルニヒの執拗な囲い込みの結果が、この早死の原因となったのかもしれないが、うわさされるような毒殺はなかったというのが事実のようだ。

遺灰はハプスブルグ家の墓所におさめられていたが、一九四〇年、ヒトラーが独仏協調の印として、この遺灰をアンヴァリッドのナポレオンの棺のそばに運んだという。若くして亡くなった息子を、ナポレオンはどう迎えただろうか。

アンヴァリッドの中央には赤紫色の大理石で作られたナポレオンの棺が据えられている(口絵参照)。その回廊の小部屋の一つにナポレオンII世の墓所がある。地平面に敷かれた大理石に、ナポレオンII世、ローマ王、一八一一〜一八三二とシンプルに三行があるだけだ。部屋の奥には大きなナポレオンの彫像があり、わが子二世を見下ろしている。各々の死後一〇〇年以上を経て、父と息子は同じ場所に安置された。死後の邂逅は果たされたのか。ヒトラーの余計なお世話だったかもしれないが、父と息子が共に同じ場所に眠っているのを見るとほっと安堵する。

2 婚外子(1)――シャルル・レオン伯爵

レオン伯は、一八〇六年一二月一三日、パリに生まれた。母はエレオノール・ドニュエル・ド・ラ・プレーニュで、父はナポレオン・ボナパルトである。ナポレオンの軽い浮気の所産であった。母は若い時、サン・ジェルマン・アン・レーにある上流社会の娘が通うカンパン夫人の寄宿学校に出入りし、そこでナポレオンの妹、のちにミュラと結婚してナポリ王妃となるカロリーヌを知る。

一八〇五年末頃、カロリーヌはエレオノールを彼女付きの読書係として側においていた。この頃、エレオノールは最初の夫ジャン・フランソワ・オノレ・ルヴェルと（竜騎大尉、一八〇五年一月一三日結婚）と別居中であった。

男児を出産

一八〇六年初め、ナポレオンはエレオノールを知る。背が高く、ほっそりした若い女性に、ナポレオンは食指を動かした。二人の関係は数か月しか続かなかったが、この若い女性との交際はナポレオンにとって画期的な結果をもたらす。ナポレオン三七歳、ジョゼフィーヌと結婚して一〇年、なぜか子どもができない。すでに二人の子どもがあるジョゼフィーヌが石女であるわけはない。それなら不妊の理由は自分にあるのか？と疑心を持っていた彼は、エレオノールの妊娠を喜ぶ。

かつてジョゼフィーヌと新婚時代を過ごしたヴィクトワール通りに館を買い与える。レオンの出生証明書は「レオン、エレオノール・ドニュエルと父（空欄）の息子」となっている。一八四六年七月二日、関係者の要求により出された判決では、「ルイーズ・カトリーヌ・エレオノール・ドニュエル・ド・ラ・プレーニュ夫人、現リュクスブルグ伯爵夫人の息子」と改めて詳しく記載された。レオンの名前は、ナポレオンの後半分を採用したものである。最初は名前で使用されていたが、のちに名前としてシャルルとつけ、レオンを名字として使うことになった。のちにレオン伯と名乗るようになるが、この伯爵位については、帝国令も出ておらず、また許可証もない。

ナポレオンは初めての息子の誕生に感激した。赤ん坊のもたらした家族の雰囲気もうれしかった。小さなレオンは、公証人に預けられた。遠征から帰ると、ナポレオンはレオンをチュイルリー宮殿に連れてきて、身近に置いていたという。

一時期、ナポレオンはこの子を認知し、皇位の後継者とすることも考えていたことがあった。この子には二万五千フランの年金を与えている。セント・ヘレナで書かれた遺言には、三〇万フランが追贈されている。さらにはレオンが司法界に入ることを望んでいることが記載されている。

鷹から生まれたとんび

レオンはナポレオンの子らしくなかった。司法の世界に入るどころではなく、あまり知的でもなく、騒々しい、放縦な人間であり、気の弱い、優柔不断な男であった。節度やバランス感覚に欠けていたという。要するにぐうたらで愚かな息子だった。全くナポレオンのDNAを受け継いでいない。しかし顔や体型はよく似ていたらしい。不肖の息子であったのは、育った環境のせいだろうか、それとも母親のDNAのせいだろうか。

母親はこの子に無関心で、預けられたまま放任されていた。今でいう育児放棄された子かもしれない。エレオノールは一八〇八年竜騎大尉オジエと再婚。彼がロシア遠征で死亡すると、一八一四年リュクスブルグ伯爵と三度目の結婚をする。

成長すると、とばく場やいかがわしい場所、劇場などに出没し、落ち着きなくいろんな場所を出入りする彼は、まるで稲妻のようだった。皇帝の息子であることを忘れてはおらず、父親に匹敵する存在になろうと思ったりすることはあるのだが、いかんせん、計画が突拍子もなかったり、もしそれなりの計画であっても、忍耐力が欠けて、うまく運ぶことはなかった。一度は、人を殺し、法廷に引き出されたこともあったが、無罪を勝ち取った。

一八三〇年の革命後、サン・ドニの国民軍司令官に選ばれ、「われは偉大な人物から生を受けた」と言ったりもしている。しかし、度重なる不祥事の結果、解任された。一八四〇年一二月には、ナポレオン遺灰の帰還に際し、行列に連なった。新興宗教に加担したり、その無軌道な行動は続く。一八四八年には政治の世界に入ることを考え、まず、大統領選挙への出馬を考えたが、それは断念するにいたった。次は翌年、総選挙に臨み、これは大失敗に終わった。それから、産業や金融の事業を起こしては失敗した。そのつど惨めな結果に終わった。数年うちには、亡き父親からもらっていた財産を食いつぶしてしまった。一八三八年には、負債も払えなくなり、一時期、クリシーの刑務所に収監された。

多重債務者

従弟ルイ=ナポレオンが権力の座に就くと、レオンは立場を回復した。従弟から六〇〇〇フランの年金を獲得、一八五四年にナポレオン三世となったルイ=ナポレオンは伯父ナポレオンが定めていたレオンへの贈与をいくつか行う。また遺言書にあった三〇万フランの遺産のうち、レオンは二二万五三一九フランを受け取る。しかし数年を経ずして、これらの財産を費消してしまい、新たな負債を作ってしまうのである。ナポレオン三世は、一度ならず、二度、三度、とたびたびその負債を払ってやる。

第二帝政が終わり、レオンもナポレオン一族としての終わりを自覚する。一八七〇年より後に、彼は家族と共に、ポントワーズへ移り、小さな借家に住む。一八六二年六月二日に結婚したフランソワーズ・ジョネはお針子だった。ポントワーズの田舎で、妻の針仕事で生活の計を立てていくことになる。この地で一八八一年四月一四日、七四歳でレオンはなくなる。伯爵の肩書きが名前になり、レオンは名前として記された。面立ちが非常に父ナポレオンに似ており、誕生時ナポレオンはそれに感激したという。妻フランソワーズとの間に、結婚前に三児、結婚後に二児ができたが、一人は生まれてすぐに亡くなった。未亡人はその後もつましい生活をし、一八九九年三月一二日に六八歳で亡くなった。四人の子どもから孫も増えたが、結局、レオンの孫のうち、五代目まで（一九一一年一月一五日生まれ）レオン伯が続いた。

ナポレオンはレオンが八歳になるまで直接会う機会があったわけだが、どこまで彼のだらしなさを見ていたのだろうか。ナポレオンの性格からすると、「不肖の息子」ほどかわいいとはいえないように思うが。

3 婚外子（2）――アレクサンドル・ヴァレフスキー伯爵

アレクサンドルは一八一〇年五月四日、ポーランド、ワルシャワの近くのヴァレヴィスで生まれた。ナポレオンとマリー・ヴァレフスカの愛の結晶である。二人の純愛物語はよく知られている。マリーはポーランド人の人妻、したがって、不義の子である。不義といっても、夫公認の、いわば献上された形での関係であった。不義なのになぜナポレオンの子とわかるのか、それはナポレオンと関係を持ってから、マリーは夫と完全な別居生活を送っていた。したがって、生まれてくる子の父親は、ナポレオンでしかあり得なかった。それなのになぜ、パリではなく、ポーランドのヴァレヴィスでの出産となったのか。それはマリーの夫アタナーゼ・ヴァレフスキー伯爵の配慮によるものだ。どんな深謀遠慮によるものだろう。ナポレオンの婚外子であるから、認知が得られるかどうかわからない、ナポレオンの地位もいつまで続くかわからない、それならばポーランドの貴族の家の子として、きちんとした居場所を与えておこうという判断だったのだろうか。もしそうとすれば、なんと先を見通していたのだろう。

ヴァレフスキー家の子として

マリーは夫アタナーゼと離れ住んではいたが、夫は離婚も正式な別居も申し立てていなかったので、この子はすんなりとヴァレフスキー家の戸籍に入ることができた。ここが最初の婚外子レオンと大きく違うところである。出産はポーランドであったが、誕生後はパリに行き、ほとんどパリで過ごしたようだ。

アレクサンドルが二歳になったばかりの時(一八一二年五月五日)、ナポレオンはこの子に、帝国伯爵の位とナポリ王国にある世襲貴族領を与えるデクレに署名している。この貴族領は年間一七万フランの収入を約束していた。ヴァレフスキー家は伯爵ではあるが、アタナーゼとマリーの間には長男アントワーヌ(一八〇五年六月一四日生まれ)がいるため、この爵位は長男が相続することになり、アレクサンドルには新たな爵位が必要であった。また、フランス人として生きてほしいというナポレオンの意思もあったのだろう。しかし、ナポレオン失墜と共に、このナポリの資産も露と消えていく。一八一四年一月、混乱した状況の中で、ナポレオンは急ぎ、アレクサンドルに五万フランの年金を与えるよう、降伏書にも書き記す。そのほか、ヴィクトワール通り四八番地の館を、すでに一三万七五〇〇フランで購入していたが、その名義をアレクサンドルとし、母親にも使用権が与えられる。

ナポレオンがセント・ヘレナ島で書いた遺言書に、レオンとともに彼にも言及されている。レオンに三〇万フランを与えるとし、「もしレオンが遺言を残す前の年齢で死んでいたら、このお金はアレクサンドル・ヴァレフスキーへ与えるものとする」と書き加えている。そして「アレクサンドル・ヴァレフスキーはフランスの軍隊で奉仕することを望む」とも書いた。レオンには法曹界、アレクサンドルには軍隊と、それぞれの特徴を見ての職業選択だったのだろうか。

幼いアレクサンドル自身の意思ではないが、母マリーはナポレオンに忠実であり続ける。前皇后ジョゼフィーヌにも会い、理解し合う。四歳のアレクサンドルを連れて、流刑の地、エルバ島へも行く。ワーテルローの戦いの翌日には、打ちひしがれたナポレオンをマルメゾンに慰問している。四〜五歳だったアレクサンドルに、どれだけの記憶が残っただろうか。また上記の年金や財産が尊重され、きちんと受け取ったのかどうか、さだかではない。

戸籍上の父は死亡、母は再婚

一八一五年一月一八日、戸籍上の父アタナーゼが死去、一年後の一八一六年九月七日、マリーはドルナノ伯爵と再婚する。アレクサンドル七歳の時、母マリーはドルナノ伯との子を出産する産褥の床で死亡する（一八一七年一二月一一日）。かわいそうなアレクサンドル、実の父ナポレオンは遠いセント・ヘレナ島で幽閉されたままだ。とうとう孤児になってしまった。継父との関係はわからないが、マリーの兄テオドール・ラクジンスキーが後見人に指名される。フランス帝国軍の中佐であったが、アレクサンドルを連れ、ポーランドに戻る。当初は家庭教師が付き、初等教育を受け、次いでワルシャワにあるジェズイット会の生徒となる。そののち四年間をジュネーヴの学校で過ごし、一八二四年に再びポーランドに戻る。もう一四歳になっていた。この若い年齢にもかかわらず、上流社会では影響力を持ち、ロシアの占領下で、政治活動をするのではないかと懸念を呼んだ。厳しい監視下に置かれ、外国へ逃れることを決心する。サンクト・ペテルスブルグ、イギリスを経て、一八一七年、パリへと入る。一七歳の青年となったナポレオンの息子は、王政復古のパリでは、それほど衝撃を与えない。というのも、あまり顔が似ていないからだ。しかし声はそっくりだったらしい。一方、レオンはだれの子かというのが一目瞭然だったとか。

ヨーロッパを舞台に活躍

一八三〇年のフランスでシャルル十世を追放した革命は、ヨーロッパに再び騒乱を呼ぶ。ポーランドでの反乱はとりわけ過激であった。若いアレクサンドルは自由主義に与し、オルレアン公側についた。一二月、ルイ・フィリップの外務大臣サバティアニは、アレクサンドルにポーランドでの秘密任務を課した。任務は無事遂行され、アレクサンドルはポーランドの軍隊に入隊し、陸軍少尉に任官した。すぐに中尉、大尉と昇進した。二一歳の若さにも関らず、彼はロンドンへ、反乱政府代表として派遣されたのである。しかし結局ポーランドでの蜂起は失敗し、一八三二年、若いヴァレフスキーはパリに戻る。一八三三年八月、外人部隊の前身に入隊し、大尉の身分でポーランド人部隊に編入され、北アフリカへと派遣される。一八三三年一二月三日、王令によりフランス国籍を付与される。一八三四年アフリカ猟騎兵となり、一時期、アルジェリアのオランでアラブ問題の責任者ともなる。一八三七年終わりのころ、軍務を離れる。

その後は政治の世界に足を踏み入れる。新聞社を手に入れ、アドルフ・ティエールと組み、政治パンフレットなどを発行する。非公式、公式の任務を遂行しているうちに、一八四八年の終わりごろ、従兄にあたるルイ゠ナポレオン・ボナパルトが大統領に就任する。これまでアレクサンドルは全く彼とコンタクトをとっていなかった。しかし血のつながりはアレクサンドルを政権との協力へと導く。一八四九年一月二一日、アレクサンドルはフィレンツェにフランス公使として派遣され、次いでナポリへと派遣される。一八五一年初め、スペイン大使に任命されるが、赴任する間もなく、ロンドンへと任地が変わる。その地での彼の初仕事は、発足予定の帝政の承認をとりつけることであった。フランスとイギリスの間の連合へ下準備にかかわり、成功していく。一八五五年春、ナポレオン三世はロンドンを公式訪問し、夏にはヴィクトリア女王がフランスを訪問する。一八五五年四月二六日、ヴァレフスキー伯爵は元老院議員となる。同年五月六日、外務大臣に任命され、一八六〇年一月三日までその任に就く。一八五六年初め、外務大臣として、クリミア戦争終結パリ会議を主宰する。一八六〇年一一月二三日、国務大臣となるが、その任務は奇妙なものだった（政府と議会の関係、芸術など）。この任務を一八六三年六月二二日まで続ける。一八六五年には元老院議員を辞め、代議士へと転向し、フランス西部のランド県から立候補する。皇帝は彼をモルニー公爵の死去から空席になっていた下院の議長に任命する。一八六七年、彼は下院議長と議員を同時に辞め、再び元老院議員となる。彼は自由主義を信奉しており、皇帝が彼に期待しているものと相容れないと自覚したのだ。一八六八年の初めには、彼は芸術アカデミーの会員に選ばれる。

一八六八年九月二七日、ドイツへの長い旅行の帰り、国境近くのストラスブールのホテルで卒中のため突然亡くなる。五八歳での死亡であった。

二度の結婚

アレクサンドル・ヴァレフスキーは二度結婚した。最初の結婚は、一八三一年一二月一日、ロンドンにおいて、レディ・カトリーヌ=キャロライン・モンタギューで、彼女は一八三四年四月三〇日、産褥の床で亡くなる。奇しくもアレクサンドルの母親マリー・ヴァレフスカと同じ原因での死別となった。

再婚は一八四六年六月四日、フィレンツェでマリー=アンヌ・リッチとであり、この結婚は長く続いた。最初の結婚で二児が誕生したが、早逝した。二番目の結婚による子孫は、男系では二代目ヴァレフスキー伯シャルル（一八四八年四月四日生まれ）のみで、一九一六年一〇月二日、歩兵中佐としてフランスのために戦死している。彼には子どもはいなかった。女系では続いている。

アレクサンドルは婚外で、悲劇女優ラシェルと長く関係を持っていた。一八四四年に息子アレクサンドルが生まれ、現在のヴァレフスキー家子孫はこの系統である。

こうしてみると、時の運はあるにせよ、アレクサンドルは自分の力で権力の座へ登っていったことがわかる。決してナポレオン三世にこびることなく、へつらうことなく、自分の道を歩んだ。もちろんナポレオン一世の息子であるというのは、陰に陽に、影響を及ぼしたであろう。しかし、軍務においても、外交・政治の世界においても、実力相応の地位を手に入れたように思う。

唯一、元老院議員から代議士に転身した時、ナポレオン三世の引きで議長に就任している。一年生議員で議長というのは、普通ならあり得ない話である。

4　養子──ウージェーヌ、オルタンスとステファニー

ナポレオンは、最初の妻ジョゼフィーヌの子ウージェーヌとオルタンスを養子とした（一八〇六年一月）。その時ウージェーヌはウージェーヌ=ナポレオンと改名した。

ジョゼフィーヌの夫アレクサンドルの遠縁にあたるステファニー・ド・ボーアルネ（一七八九〜一八六〇）をも養女とした（一八〇六年三月二日）。同年四月七日にはバーデンの王太子シャルル=ルイ=フレデリックとの結婚が盛大に祝われた。この養子縁組は、ヨーロッパの王室と縁組をするための駒作りともいえる。この娘は、ナポレオンがまだ第一執政時代に表舞台に現れたのだが、ナポレオンが寄せる好意に、妻のジョゼフィーヌは嫉妬し、妹のカロリーヌは憎悪していたという。

		ローを訪問，ジョゼフィーヌ風邪をひく
	5.25	ジョゼフィーヌ発熱，床につく
	5.29	ジョゼフィーヌ死亡（51歳）
1815	1.18	ヴァレフスキー伯爵死亡
	2.26	エルバ島脱出
	3. 1	ゴルフ・ジュアンに上陸
	3.20	ナポレオン，パリへ戻る
	6.18	ワーテルローの戦い
	6.22	ナポレオン退位
	10.15	セント・ヘレナ島に到着
1816	9. 7	マリー・ヴァレフスカ，ドルナノ伯と結婚
1817	5. 1	マリー・ルイーズ，ナイペルグ伯との間にアルベルティーヌ誕生
	12.11	マリー・ヴァレフスカ，死亡（31歳）
1818	2. 5	ベルナドット，シャルル14世としてスウェーデンとノルウェーの国王となる
1819	8. 9	マリー・ルイーズ，ナイペルグ伯との間にウィルヘルム誕生
1821	5. 5	ナポレオン死亡（52歳）
	8. 8	マリー・ルイーズ，ナイペルグ伯と結婚
1823		ウージェーヌの長女とベルナドットの息子オスカー結婚
1824	2.21	ウージェーヌ，ミュンヘンで死亡（43歳）
1829	2月	ナイペルグ伯死亡（54歳）
1832	7.22	ナポレオンII世（ライヒシュタット公）死亡（21歳）
1834	2.17	マリー・ルイーズ，ボンベル伯爵と結婚
1837	10. 5	オルタンス死亡（54歳）
1840	12.15	ナポレオンの遺灰，パリに戻る
1844	3月	ベルナドット死亡（81歳）
	7月	ジョゼフ死亡（76歳）
1845	4.17	ジュリー死亡（74歳）
1847	12.17	マリー・ルイーズ死亡（56歳）
1860	12.17	デジレ死亡（83歳）

5.13　ウィーン入城
7. 6　ワグラムの戦い
12.14　チュイルリー宮殿において，相互の同意による離婚成立の儀式，翌15日，元老院はこの離婚を宣言
1810　1. 9　パリと本国の司教区は，ナポレオンとジョゼフィーヌの宗教上の結婚を無効とする
3.29〜5.16　ジョゼフィーヌ，ナヴァール城滞在
4. 1　ナポレオン，マリー・ルイーズと結婚
4.27〜6.2　オランダ，ベルギー旅行
5. 4　マリー・ヴァレフスカ，ナポレオンの息子アレクサンドルを産む
5月半ばから6月半ば　ジョゼフィーヌ，マルメゾン滞在
7. 1　オランダ王ルイ，息子ベルグ大公（次男ナポレオン=ルイ）に王位を譲る
7. 9　オランダ，フランスに併合される
8.20　ベルナドット，スウェーデン王国の王太子に選ばれる
9〜10月　ジョゼフィーヌ，スイスを周遊
11.23〜翌年4月まで，ジョゼフィーヌ，ナヴァール城滞在
1811　3.20　マリー・ルイーズ，ローマ王を産む
4〜7月　ジョゼフィーヌ，マルメゾン滞在
6. 9　ローマ王の洗礼
8月　ジョゼフィーヌ，ナヴァール城滞在
1812　9.14　ナポレオン，モスクワ入城
10.18　ナポレオン，モスクワ出発を決心
12.18　ナポレオン，チュイルリー宮に戻る
1814　1.25　ナポレオン，出征（妻子と会った最後）
3.29　ジョゼフィーヌ，難を避け，ナヴァール城に滞在
3.31　パリ，連合軍の手に落ちる
4. 6　ナポレオン，無条件降伏，退位
4.16　ロシア皇帝，ジョゼフィーヌを訪問
5. 4　ナポレオン，エルバ島へ到着
5.14　ロシア皇帝とジョゼフィーヌ，オルタンスの居城サン・

	12. 26	オーストリアとプレスブルグの和平条約
	12. 31	革命暦が終了
1806	1. 12	ナポレオン，ジョゼフィーヌの子どもウージェーヌとオルタンスを養子とする
	1. 14	ウージェーヌ，バイエルン王の娘オーギュストと結婚
	3. 30	ジョゼフ（ナポレオンの長兄），ナポリ王に即位
	6. 5	ルイ（ナポレオンの弟，オルタンスの夫），オランダ王に即位
	7. 12	バイエルン以下16領邦がナポレオンの保護下に入り，ライン連邦を結成
	8. 6	神聖ローマ帝国解体（フランツII世，同帝国の帝位を放棄し，フランツI世としてオーストリア帝国皇帝となる）
	9. 28	ジョゼフィーヌ，プロシャ戦役の間マインツへ。ナポレオンはポーランドへ。1807年1月15日までマインツ滞在
	10. 14	イエナ=アウエルシュテットの戦い
	11. 21	大陸封鎖令
	12. 13	エレオノール，ナポレオンの息子シャルル・レオンを産む
1807	1. 1	ナポレオン，マリー・ヴァレフスカに会う
	2. 8	アイラウの戦い（対ロシア・プロイセン連合軍）
	5. 5	ルイとオルタンスの長男ナポレオン=シャルル死亡
	6. 14	フリートランドの戦い
	7. 7	ティルジット和平条約
	8. 16	弟ジェローム，ウェストファリア国王に即位
1808	3. 1	帝国貴族制度が創設される
	4. 20	オルタンスとルイの3男ルイ=ナポレオン誕生（のちのナポレオンIII世）
	5. 2	マドリードの民衆，反仏蜂起
	5. 5	バイヨンヌでスペイン王権をフランスに譲渡
	6. 4	ジョゼフ（ナポレオンの長兄），スペイン王に即位
	6. 15	ミュラ（妹カロリーヌの夫），ナポリ王に即位
1809	4月	対オーストリア戦役始まる

1799 4.21 ジョゼフィーヌ，マルメゾンの館を購入
8.23 ナポレオン，エジプトを出発
10. 9 ナポレオン，フランス（フレジュス）上陸
10.16 ナポレオン，パリに到着
11.9〜10 ブリュメールのクーデタ，ナポレオン，執政政府創設
12.24 ナポレオン第一執政となる（3頭政治開始）
1800 1.20 ナポレオンの妹カロリーヌとミュラ将軍結婚
2.19 第一執政とその家族チュイルリー宮に引っ越す
5月 対オーストリア戦役（第二イタリア戦役）
5.20 吹雪のアルプス越え
6.14 マレンゴの勝利
12.24 執政暗殺未遂事件
1801 2. 9 オーストリアとリュネヴィルの和約を結ぶ
7.16 教皇ピウス7世と政教協約（コンコルダート）締結
9月 ナポレオン，サン・クルー宮殿の修復を始める
1802 1.2〜3 弟ルイとジョゼフィーヌの娘オルタンス結婚
3.25 イギリスとアミアンの和平条約を結ぶ
5.19 レジオン・ドヌール勲章制定
8. 2 終身第一執政に選ばれる
10.11 ルイとオルタンスの間に次男ナポレオン=シャルル誕生
1804 3.21 民法典（ナポレオン法典）制定
5.18 ナポレオン，「フランス国民の皇帝」に選出される
12. 2 戴冠式（前日ジョゼフィーヌと宗教上の結婚式をあげる）
12.18 ルイとオルタンスの間に二男ナポレオン=ルイ誕生
1805 3.17 ナポレオン，イタリア王に即位
6. 7 ウージェーヌ，イタリア副王となる
6.14 マリー・ヴァレフスカ，夫との子アントワーヌ誕生
8. 9 英，露，墺の第三次対仏大同盟成立
10.17 ウルムにオーストリア軍を包囲，撃破する
10.21 トラファルガー沖の海戦（敗戦）
11.13 ウィーン入城，シェーンブルン宮殿に陣をおく
12. 2 アウステルリッツの戦い

7. 27　ロベスピエール失脚

8. 1　ナポレオンの兄ジョゼフとデジレの姉ジュリー結婚

8. 6　ジョゼフィーヌ，出牢

8. 9　ナポレオン，ロベスピエール派として逮捕される

8. 24　ナポレオン，嫌疑が晴れ，釈放される

1795　4. 21　ナポレオン，デジレと婚約

10. 5　パリで王党派の蜂起を鎮圧（葡萄月《ヴァンデミエール》13日事件）

10. 15　バラス，ナポレオンにジョゼフィーヌを紹介
10月終わりごろから2人の関係深まる

1796　3. 2　イタリア遠征軍総司令官に任命される

3. 9　ナポレオン（27歳），ジョゼフィーヌ（33歳）と結婚

3. 11　ナポレオン，ニースに向け出発（イタリア遠征）

5. 15　ナポレオン，ミラノ入城

6. 27　ジョゼフィーヌ，イタリアに向け出発

7. 9　ジョゼフィーヌ，ミラノ到着

7. 30　ガルダ湖畔で，ジョゼフィーヌの馬車が砲撃をうける

秋〜冬　ジョゼフィーヌ，ミラノ滞在

11. 17　アルコーラの勝利

1797　春〜夏　ナポレオン，モンベッロ城に居を構える。ボナパルト家の一部（母，2人の妹，弟）が合流

2. 2　マントヴァ要塞占領

2. 19　教皇とトレンティノ和約を結ぶ

10. 17　オーストリアとカンポ・フェルミオ条約締結

12. 5　ナポレオン，イタリアからパリへ凱旋

1798　1. 2　ジョゼフィーヌ，パリに戻る

5. 4　ナポレオン，エジプト遠征のためパリ出発，ジョゼフィーヌはトゥーロンまで同行

5. 19　ナポレオン，エジプトに向けトゥーロン出発

7. 1　アレクサンドリアに到着

8. 17　デジレ，ベルナドット将軍と結婚，1年後，息子が誕生

12. 19　ポーリーヌ・フーレスと関係をもつ（エジプトにて）

ナポレオン年表（私的事項を主として）

1763	6. 23	ジョゼフィーヌ誕生
1769	8. 15	ナポレオン誕生
1777	11. 8	デジレ・クラリー誕生
1778	12. 15	ナポレオン，父親とともにフランス本土へ
1779	5. 15	ナポレオン，ブリエンヌの王立幼年学校に入学（9歳）
	12. 13	ジョゼフィーヌ（16歳），ボーアルネ子爵と結婚
1781	9. 3	ジョゼフィーヌの長男ウージェーヌ誕生
1783	4. 10	ジョゼフィーヌの長女オルタンス誕生
	12. 10	ジョゼフィーヌ，夫との別居を求める
1784	10月	ナポレオン，パリ陸軍士官学校に入学（15歳）
1785	3月	ボーアルネ夫妻，別居についての示談成立
	9月	ナポレオン，砲兵少尉に任官
1786	12. 7	マリー・ラクジンスカ誕生（のちのヴァレフスカ）
1788	7月	ジョゼフィーヌ，長女オルタンスを伴いマルティニークへ帰国，1790年9月4日まで滞在
1789	7. 14	バスティーユ襲撃によりフランス革命勃発
	9月	ナポレオン，コルシカに帰省
1791	4月	ボーアルネ子爵，ジャコバン派を主宰
	6～7月	ボーアルネ子爵，立憲議会議長となる
	6月	ナポレオン，砲兵中尉としてヴァランスに赴任
	9月	コルシカに帰省
	12. 12	マリー・ルイーズ誕生
1792	4. 20	フランス，戦争に突入，ボーアルネ子爵北部軍に入隊
1793	6. 13	ボナパルト一家，マルセイユに移転
	12. 18	ナポレオン，イギリスよりトゥーロン奪還に成功
1794	1. 20	デジレの父，フランソワ・クラリー死亡
	3. 11	ボーアルネ子爵，逮捕される
	4. 21	ジョゼフィーヌ逮捕される
	7. 23	ボーアルネ子爵，ギロチンで処刑される

参考文献

［日本語文献］

安達正勝著『ナポレオンを創った女たち』集英社新書、二〇〇一

安達正勝著『物語フランス革命――バスチーユ陥落からナポレオン戴冠まで』中公新書、二〇〇八

鹿島茂著『ナポレオン、フーシェ、タレーラン、情念戦争一七八九―一八一五』講談社学術文庫、二〇〇九

志垣嘉夫編『ナポレオンの戦争』世界の戦争七、講談社、一九八四

塚本哲也著『マリー・ルイーゼ、ナポレオンの皇妃からパルマ公国女王へ』文藝春秋、二〇〇六

藤本ひとみ著『人はなぜ裏切るのか　ナポレオン帝国の組織心理学』朝日新書、二〇〇九

両角良彦著『セント・ヘレナ抄』講談社、一九八五

オクターヴ・オブリ編、大塚幸男訳『ナポレオン言行録』岩波文庫、一九八三

アルマン・オーギュスタン・コレンクール著、小宮正弘訳『ナポレオン――ロシア大遠征軍潰走の記』時事通信社、一九八一

ロジェ・デュフレス著、安達正勝訳『ナポレオンの生涯』白水社、文庫クセジュ、二〇〇四

アラン・ドゥコー著、小宮正弘訳『ナポレオンの母、レティツィアの生涯』潮出版社、一九九九

ナイジェル・ニコルソン著、白須英子訳『ナポレオン一八一二年』中公文庫、一九九〇

アンドレ・マルロー編、小宮正弘訳『ナポレオン自伝』朝日新聞社、二〇〇四

ルネ・モーリ著、石川宏訳『ナポレオン暗殺』大修館書店、一九九八

エミール・ルードウィッヒ著、金沢誠訳『ナポレオン伝』角川文庫、一九八八
エミール・ルートヴィヒ著、北澤真木訳『ナポレオン、英雄の野望と苦悩』上下、講談社学術文庫、二〇〇四

［欧文文献］

Napoléon Bonaparte, *Lettres d'amour à Désirée, Joséphine, Marie et Marie-Louise*, L'Archipel, 2005
//*The letters of Napoleon to Josephine*, Ravenhall Books, 2004
Dictionnaire Napoléon, sous la direction de Jean Tulard, Fayard, 1987
Napoléon Bonaparte, *15 récits sur Napoléon*, Gaucier Languereau,1972
Max Gallo, *Napoléon tome I: le chant du depart, Tome II : Le soleil d'Austerlitz, Tome III : L'empereur des rois, Tome IV : L'immortel de Sainte-Hélène*, Robert Laffont, 1997
Françoise Wagener, *L'Impératrice Joséphine*, Flammarion,1999
La Campagne Pastré, Edisud, 2001
Dictionnaire des Marseillais, Edisud, 2003
Dictionnaire Historique des Rues de Marseille, Ed. Jeanne Laffitte, 2001

［著者紹介］

草場安子（くさば　やすこ）
福岡県生まれ
1971-94年，在日フランス大使館広報部資料室勤務
1994-97年，マルセイユ在住，その間，エクサンプロヴァンスの政治学院（IEP）に学ぶ。
1997年9月-2000年2月，コンゴ民主共和国在住
著書に『現代フランス情報事典　改訂版』（大修館書店，2003年）ほか

ナポレオン　愛《あい》の書簡集《しょかんしゅう》

NDC289 ／ xii, 249 p ／ 19cm

初版第１刷――2012年3月25日

著　者――草場安子《くさばやすこ》
発行者――鈴木一行
発行所――株式会社　大修館書店
〒113-8541　東京都文京区湯島2-1-1
電話03-3868-2651（販売部）　03-3868-2293（編集部）
振替00190-7-40504
［出版情報］http://www.taishukan.co.jp

装丁者――CCK（松本明日美）
印刷所――広研印刷
製本所――牧製本

ISBN978-4-469-25079-4　Printed in Japan

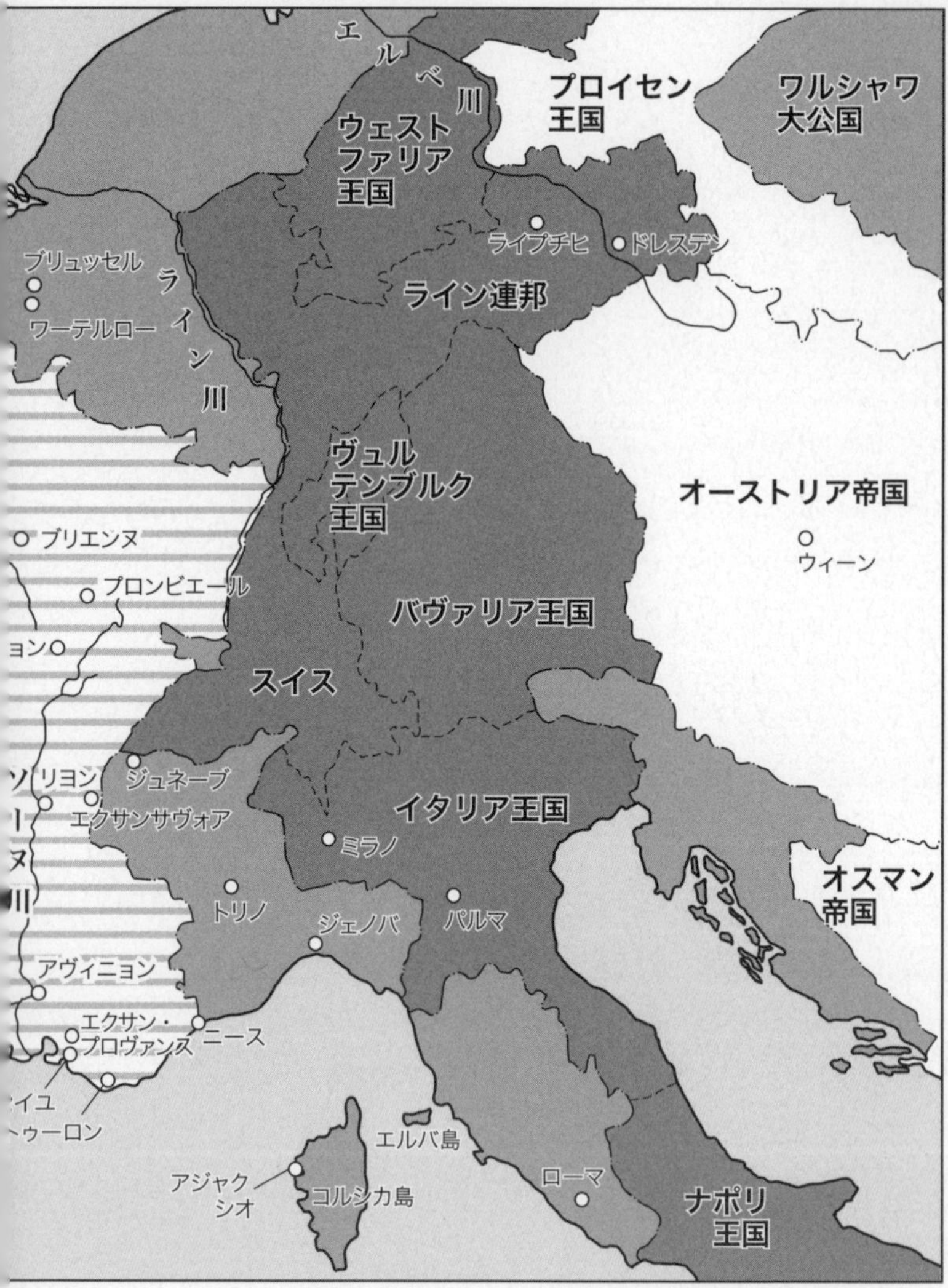

ナポレオン時代のフランス領土

スペイン王国

フランス帝国

ローヌ川
プロヴァンス
コルシカ島

ニース

ナポレオン島

ロンバルディア
大英帝国

1789年のフランス領土

1812年までに
併合したフランス帝国

1812年までの
ナポレオンの支配圏諸国

(参考:『ナポレオンの母 レティツィア・ラモリーノの生涯』)